康复概念

旅程

建导师指南

米莉·蕾斯

理科教育硕士　执证心理咨询师

翻译：王祥卉, 阿肯色州

审译：朱临湘博士, 佐治亚州

封面设计：乔恩·雷尼, 克利本, 阿肯色州

编辑：戴安·培根, 怀恩城, 阿肯色州

加油站图标：帕姆·加斯, 怀恩城, 阿肯色州

特别感谢：顾筝， 麦克·梅锐迪斯

真理概念国际
邮箱 1438
怀恩城 阿肯色州
info@conceptsoftruth.org
www.conceptsoftruth.org
870.238.4329

ISBN-13: 978-0-9849652-3-6

美国国会图书馆编录原版号为2012909953

©2011没有作者的许可,本书的任何部分不得以任何形式，方式复制或传播，电子的或机械，包括影印，录制，上传到互联网，或储存到任何信息保存和检索系统。

经文选自新国际版的《圣经》。© 1973,1978,1984 国际圣经公会。由国际圣经公会授权。版权所有，翻印必究。

生活是有不同道路的旅行；不同的参观地方；不同到达目的地的方式，走，跑，或乘车。准备好做一个建导师！本次学习将是一条少有人走的路，因为堕胎康复并不容易。但是，此次旅行将是参与者和你一生中值得的尝试！你将看到生命因神的荣耀而被改变并进而又改变你！感谢你为这个救赎生命和医治的旅程付出的时间，才智和热忱。

"你们必定认识真理, 真理必定使你们得自由。"
约翰福音 8:32

"我读了真理概念国际出版的堕胎康复教程《旅程》，发现它基督教义坚实并有临床实践意义。这宝贵的，具有完整体系，并且精心编写的教材无疑会强有力的帮助治疗，成长，和救赎那些曾经有强烈的个人耻辱和创伤故事的人。它专业地又富同情心地处理堕胎后康复的痛苦和悲怆，既直接又深刻。我大力推荐此教程。"

贾里德·平格顿，心理学博士
关注家庭咨询机构董事

参与者对《旅程》的评价。

"这是一个很棒的经历,我的生活有了明显好转。我的灵命,情感和精神状态都得以更新。我现在是洁净的,并持续保持更新和洁净。" *SF*

"退修会棒极了。我学到了很多,而且它使我明明白白地认识到神的恩典和宽恕是丰富的。我极力推荐退修会。" *TS*

评价经授权使用。

目录

序言 6 页

分组前须知 8 页

小组设计 24 页

建导小组各章指南 32 页

第一章 我在哪里？34 页

第二章 绘图者 38 页

参与者在小组中的进程记录 41 页

第三章 旅伴 慰籍和否认 44 页

第四章 生气导致的路障 48 页

第五章 与宽恕同行 52 页

为美术工作室做准备 56 页

第六章 抑郁之谷 58 页

第七章 神背着我们走 62 页

第八章 放手 68 页

追思会 72 页

甜点接待会 80 页

第九章 继续旅程 84 页

建导师总结会议 86 页

建导师小组总结 88 页

附录 90 页

"我们必需先安静才能听。我们必需先听才能学。我们必需先学才能做准备。我们必需先准备才能服侍。我们必需先服侍才能领导。"

～ 威廉·阿瑟·沃德

序 言

如果你在读这本书,那么我确信你对堕胎后的康复感兴趣！堕胎后的康复是一个未被触及的领域。许多受伤害的人需要在堕胎后得到治疗和恢复,因此堕胎康复小组十分需要建导师的参与。感谢你继续往下读。

作为一名阿肯色州持证心理咨询师,我曾带领数百名客户走完了堕胎后的康复过程。我发现医治过程的关键是做简单的仪式。但是你并不一定要成为持证咨询师才能帮助那些堕胎后需要治疗的人。你只需要正确的工具和指南。如果你有一颗服侍受伤人的心和一些与人交往的技巧,同时有圣灵的力量为指导,你可以帮助很多人得医治并在基督里找到自由。这也是这个课的主旨:不管你是一名专业的咨询师,一名传道士,还是一个普通信徒。

《康复概念 旅程 》 课程提供综合治疗机会,包括积极倾听,给其他小组的参与人写回复和收回复,医治追思会,以及提供问问题和回答问题的机会来促进参与者做认知层面上的决定。在创伤医治中小组里的感官互动活动有明显的效果。

参与者用书是由那些有堕胎伤痛经历，但是已经找到恩典和平安的工作人员而写。我们现在热切的希望帮助别人找到我们已经在基督耶稣里找到的自由。是他洒在髑髅地的宝血赎了我们堕胎的罪。我们已被宽恕！从神而来的对我们堕胎罪的宽恕是瞬间的，然而医治是一个过程；堕胎后的治疗旅程必需从哀痛开始。《康复概念旅程》通过对未出生孩子的开追思会为每位参与者提供参加活动的机会，为堕胎的损失画上句号。

我祈祷这本建导师指南将会成为不可替代的工具，你会永远珍惜并在将来的日子里用它帮助别人。我尽力使本书通俗易懂并内容翔实有效。对了，本书还配有DVD以帮助理解《指南》。我们会陪伴你走过每一章节，每个目的地，以及每个活动。活动是帮助参与者得医治的关键。记住，祷告并请求神帮助你成为荣耀他的器皿！他一定会帮助你！

你在指导小组的同时，也请和我们保持联系。填好建导师小组总结并给我们一份复印件。我们随时为你提供帮助；随时电话联系我们。

恩典和平安

米莉·蕾斯，理科教育硕士，执证心理咨询师

分组前须知

祷 告

尼希米，一个被俘到巴比伦的犹太人，在王宫里侍奉。在得知耶路撒冷城墙和城门的惨状后，他哀哭并请求国王派他去重建城墙。

他祷告并做了个计划。祷告是尼希米开始他有成效的领导旅程的第一个主要步骤。查尔斯·斯文多，在《再递我一块砖》（托马斯·讷尔逊，2007）一书中这样描写祷告：

"...祷告迫使我把事情交于神；**它让我等待。**

其次，**祷告使我看得更清楚...** 当你第一次面对某个状况时，是不是觉得迷雾重重？祷告会'烧透'迷雾，你的视野会变得清楚从而透过神的眼光去看。

第三，**祷告平静我的心。** 我不能同时焦虑和祷告...

第四，**祷告激活我的信仰。** 祷告之后，我更倾向于信靠神...祷告点燃信仰。"

为成为一个有成效的领导者...祷告！

分组前须知

《康复概念 旅程》可设置为周末小组或每周小组。这本建导师指南适合任何小组形式。本书的作者们发现周末小组不仅有益于人们忙碌的工作日程而且有助于看到他们生命的改变。因此,我们为每一章提供了周末安排（如有需要可以做修改）,从周五下午3点开始到周日下午4点结束。（见附录,91页）

如果你指导周末小组,从参与者报名,完成问卷调查,与他们面谈,到给他们时间在小组第一次上课之前学习第一,二章,大概要六个星期。因此,成功的要素之一是至少在八个星期之前宣布你周末小组日期,报名费用,以及其他信息。报名费可能不同。不管是是对周末小组,还是每周小组,我们建议每人收至少50美金材料费。除非你指导的周末小组或每周小组有人赞助,你必须考虑到食宿的花费。同时,参与者自己花钱以求改变自己是很重要也有利于治疗。联系教会,民间团体,或用口耳相传等都是很好的宣传治疗小组的方式。见以下简报通告样文。

简报通告（至少8个星期前发出）

_____
（咨询人姓名,牧师,教会或怀孕中心）

将为那些堕胎后渴望得到治疗的男性和女性提供 《康复概念 旅程》周末治疗。日期_____ 报名费$_____包括食宿和学习资料。报名截止日期_____。 所有参与者信息都是保密的。打电话至_____询问更多信息或报名。

潜在小组参与者的初次接触或询问

潜在的参与者听到堕胎后的治疗机会后,在神定的时间里他们会打电话或询问。接到潜在参与者的询问或电话后,马上给他们回复。必须由他或她先打电话。记住,这是神在他们的生命里定的时间。沉默在首次电话或询问中被打破。建导师要欢迎参与者,再次为他或她确认相关信息的保密,并祷告求神指引你所说的每个字。

以无条件的爱和平稳的保证答复潜在参与者很重要。常常确认他们的感受,承认他们的恐惧,并培养安全感,希望和接纳他人。建导师分享一点而不是很多故事,以帮助他们感到安全,而不是被暴露或受伤害。解释周末小组形式或可供选择的每周小组形式以及加入需要的承诺。收集他们的联系方式并告诉他们你会给他们寄出问卷调查表以帮助他们评估他们处于治疗过程的那个阶段。把联系信息记录在潜在**参与者初次联系表上。**（见下页）本指南中的表格有电子文档,可以用来为你的小组特别制表。需要电子文档发邮件到：info@conceptsoftruth.org

分组前须知

潜在参与者初次联系表格

日期 _____ 时间 _____ 接电话人_____

参与者姓名_____ 电话 #_____

地址 _____

城市_____省_____ 邮政编码_____

电子邮箱_____

潜在参与者是如何知道周末小组或学习的?

参与者问卷调查表邮寄地址(如果与以上地址不同)

_____

我们可以给你打电话询问你是否收到问卷调查表或者与你保持联系吗? _____可以

_____不可以

保密：我们打电话时应该慎重到什么程度?我们可以留言吗?

_____可以　　_____不可以　　什么时候打电话最合适?

_____

　　请客户在一周内填好并寄回调查表。告诉他们在收到表后,我们会打电话给他们并安排面谈时间以回答他们的问题并评估他们在治疗旅程的哪个阶段。

　　鼓励潜在参与者,并向他们保证我们的工作人员会为他们祷告。

　　小组开始前6个星期寄第一封信并附带问卷调查表或发邮件给潜在参与者。（*给参与者的第一封信,问卷调查表,同意分享表在随后几页。*）

　　这样会给参与者时间完成并寄回表格,那时建导师才能和他们安排会面。最好是能和他们面谈问卷上的问题。但是如果因距离问题,不方便面谈,在收到问卷调查表后可进行电话交流。

分组前须知
第一封信——随信附上参与者问卷调查及同意分享表

亲爱的小组参与者：

我十分感谢你对堕胎后治疗小组感兴趣并承诺参加本小组。正视我们过去堕胎经历需要很多勇气。但是如果你认为现在是时候有目的地面对这事，是因为神已经启动了这个过程。如果神开始启动了，你可以确信的是他能保你安全度过治疗并完成他在你生活中的目的。

随信附上的问卷调查上的问题可能触及到你伤痛的回忆。不要害怕，这是你医治过程的开始。大多数建导师都曾有过你类似的经历，参加过相似的堕胎后康复学习，并得到非常好的的效果。我们在这里帮助并支持你走过医治过程。主是信实的。"他发命医治他们。"诗篇 107:20

随信附上的表格是医治过程的第一步。 它们帮助你确定你需要治疗的地方并帮助我们评估你在旅程中所处的位置。它们同时也帮助我们满足这个神召集起来的特殊小组的需要。你在表格上所写的任何信息都是保密的。只有为小组做准备的和课程的作者们会用这些信息。

我们已经为你祷告了好几个星期。在你开始本次旅程时，请在你的生活中至少找一个可以为你祷告的人。神热切的渴望你靠近他并允许他给你的生命带来和解并重建你的生命。

随信有参与者问卷调查表和同意分享信息表。请在下星期填好并交回。联系方式随函附上。

一旦我们收到填好的问卷调查表，我们会联系你安排会谈时间。会谈可能是面谈或是通过电话交流。在完成会谈并收到你的注册费之后，我们会发给你参与者用书《康复概念旅程》，这是我们在小组学习期间会用到的教程。在你参与周末小组学习之前，你要先完成前两章的学习。

我们都非常期待看到神将在你生命中的作为！如果你有什么问题，请随时联系我们。随函附有我们的联系方式。同时，如果你觉得不能等到小组开始，请打电话给我们，我们会为你联系能尽早帮助你的人。

恩典和平安

分组前须知

《康复概念 旅程》 参与者问卷调查表

姓名_____ 日期_____

地址 _____

城市_____ 省_____ 国家_____ 邮政编码_____

电子邮箱_____

电话_____ 手机_____

紧急情况联系人姓名和电话_____

建导师可以给你打电话吗?_____

调查表是用于给我们提供你的背景信息并帮助你开始回忆的重要过程。信息将会和小组建导师们分享并在法律范围内受到最大的保护。

职业 _____ 年龄_____ 出生日期_____

家庭情况___单身 ___已婚 ___离异 ___丧偶

几个孩子以及他们的年龄, 父母的照顾人, 等等 _____
_____

你, 或你配偶, 或女朋友, 目前怀孕了吗?_____

如果是, 预产期是什么时候?_____

教会隶属_____
请画圈: 非常投入   一般投入   偶尔参加

你是怎么知道这个小组的?_____

你想从小组获得什么?_____
_____
_____

你堕过几次胎?_____

你有想过再堕胎吗?_____

在什么情况下你认为堕胎是可以接受的?_____

你怎么看你的堕胎行为? _____
_____

分组前须知

《康复概念 旅程》参与者问卷调查表 （第2页）

下面是经历过堕胎的男女的某些普遍的症状。请用直线标记那些在你堕胎时的感受。请圈出那些你最近6个月来的感受：

内疚	孤独	抑郁
失落感	感情麻木	不明原因的哭泣
伤心	后悔	梦/恶梦
闪回	生气/愤怒	睡眠障碍
疲乏	不育	无助感
焦虑	婚姻压力	害怕不育
自卑	恐慌	缺乏自信
无法放松	性问题	哀痛
饮食失调	害怕怀孕	自残
滥用药物和酗酒	改变关系	有自杀念头　难以与孩子们建立亲密感情
专注堕胎日期或婴儿预产期		逃避婴儿或与婴儿有关的东西

下面从1到10的度量线上, 请说出在处理堕胎问题上你认为你处于什么位置。

```
   很深的伤害                                    完全治愈
   1    2    3    4    5    6    7    8    9    10
```

你目前有什么症状？
_____

什么是你很难克服的？ _____

简单的描述一下你的堕胎经历。可以包括堕胎日期, 你当时的年龄, 婚姻状况, 选择堕胎的理由, 怀孕的阶段, 和其他与堕胎决定相关的人。
_____
_____
_____

你曾用过处方药（比如：抗抑郁药品）和/或曾需要住院以控制你的症状吗？
_____

你目前在医生的护理中或用任何药物以控制症状吗？_____
药物_____

你以前有没有对堕胎后的伤痛寻求过心理咨询？_____

如果有, 有帮助吗？ _____
你有没有因为别的事寻求过心理咨询？ _____
什么时候？ _____
你现在在做心理咨询吗？ _____

分组前须知

《康复概念 旅程》参与者问卷调查表 （第3页）

　　如果你现在在接受专业治疗，为你着想，我们认为你应该告知你的医生/理疗师你将参加本次治疗堕胎伤痛的活动。在你的许可下，本组建导师会因治疗事宜而联系你的医生/理疗师。请填好附件"同意分享信息"表并和此表格一起寄回。在此我们再次重申，你的信息是保密的。

如果你目前没有专业治疗，请在表格上写上**N/A**并寄回此表格。

你在堕胎前，是否自认为得到充足的建议和对此有足够的了解？
_____

你在那时受到压力才堕胎吗？_____
谁给你压力？_____

在堕胎之后你和婴儿的父亲或母亲的关系仍然继续吗？_____

谈谈堕胎对你们的关系有什么影响？_____
_____

谈谈在<u>堕胎手术</u>后你，配偶，或女朋友身体上的任何并发症。（出血，感染，发高烧，子宫穿孔，强烈痉挛，不完全堕胎，等等）_____
_____

你是否是如下受害者：强奸____ 乱伦____ 或性虐待____？
如果是，你有没有因此受到任何帮助？_____

如今你面临的最急切的困难是什么？_____
_____

请和我们谈谈你与神的关系及你的日常属灵生活。_____
_____

你有没有感到神宽恕了你堕胎的行为？解释：_____
_____
_____
_____
_____
_____
_____

分组前须知

《康复概念 旅程》 参与者问卷调查表 （第4页）

你有时候会觉得坏的情形是神对堕胎的惩罚吗？
_____

你因堕胎而惩罚自己吗？ _____
如果有，请描述一下： _____
_____

你觉得你已经原谅自己堕胎吗？ _____

在堕胎之后，什么使你认为要寻求治疗？ _____
_____

你知道本次学习是基于基督教教义和经文吗？ _____

这引起你任何忧虑吗？ _____

请明白建导师尽力把相似类型的分为一组，或者说把更相互适合的参与者分为一组。
你知道在小组中可能有男性/女性/已婚夫妇吗？ _____
这会引起你任何忧虑吗？ _____

在你的生活中，有谁知道你参加堕胎后治疗吗？
_____

  这次治疗将由受过堕胎后治疗小组培训的咨询师指导。他们有或没有所在州的执证。因此，这个堕胎康复课程并没有意图代替专业咨询。如有要求或者在学习小组的建导师认为适当的时候参与者会转送到专业心理咨询。我们会体谅理解，提供信息和支持。

  此表上所有的信息都是保密的并且只用于建导师的治疗和真理概念课程作者的写作。在某种特殊的情况下我们会不再保密：1) 如果我们相信你有自杀的危险, 2) 如果我们相信有虐待未成年的儿童，或者 3) 如果我们相信你有伤害他人的倾向或者有人有伤害你的倾向。另外，问卷调查上的信息可能会用于调查研究。任何取自于此表的信息都不会付上你的名字以保护你的隐私。

  我已阅读并理解以上所述。我知道在小组学习中所有的信息都是保密的除非另有声明。我承诺对在小组学习中所提及的任何信息完全保密。

_____   _____
参与者   建导师

_____   _____
日期   日期

上交此表至真理概念国际，邮政信箱 1438，怀恩城，阿肯色州 邮编 72396 或者上交至随信附上的赞助组织地址。

分组前须知

同意分享信息表

  如果你目前在医生的指导下用精神类药物或者在接受心理治疗，在你参加《康复概念旅程》小组前，我们希望能和你的医生和/或者理疗师取得联系并和他/她交流你下一步的治疗计划。请填写下列信息表或标记 N/A (不适用)，工整地写下你的名字并签名。

医生姓名_____

地址_____ 城市_____

省_____ 国家_____ 邮政编码_____

电话_____

理疗师姓名_____

地址_____ 城市_____

省_____ 国家_____ 邮政编码_____

电话_____

我授权于真理概念国际 或_____
（赞助本周末小组的组织）联系以上我的医生和/或理疗师以讨论我在《康复概念 旅程》周末堕胎康复小组参与情况并于他/她分享我的医治进程。

_____N/A （不适用）

_____
参与者姓名（工整的书写）

_____ _____
签名 日期

分组前须知

参与者完成并上交问卷调查表和同意分享信息表后

记住：不是每个要求或表示有兴趣参加小组的人都将是很好的小组成员。建导师在收到问卷调查表和同意分享信息表后，认真阅读并熟悉参与者如何回答问题很重要。

如果参与者目前在医生的指导下用精神药物或目前在做心理咨询，建导师必须写信给医生和/或理疗师（见下页）以便获得他们的协助并争取他们许可其病人或客户参加小组学习。

医生和理疗师的加入对每个人都是有利的——参与者，建导师，和专业人员。专业人员的加入可以增强参与者完成周末小组或学习的责任心。同时，专业人员的反馈信息和加入可以帮助建导师更好的理解参与者在小组中的需要。最后，专业人员自己也会因及时得知患者在参与小组中取得的进步而受益。

分组前须知
在参与者交回填好的问卷调查表和同意分享表后

医生/理疗师信函

　　您的患者已经申请参加名为《康复概念 旅程》堕胎后康复小组的学习。在通过问卷调查表得知我们的报名者正因情绪失控，体内化学物质不平衡，或服用任何形精神药物接受专业治疗。原则上我们要联系报名者的医生或理疗师。您的患者同意我们和您联系并简单向您介绍一下我们的课程。

　　这个教程是由那些有过堕胎经历的人写的。他们完成过类似学习，强烈希望看到别人摆脱随堕胎带来的罪恶感及哀痛。我们知道有些人似乎不后悔堕胎，而且也没有任何迹象显示他们有身体的或精神上的影响。我们的参与者用书《康复概念 旅程》是为那些有需要的人写的。

　　堕胎后受到伤害的男人和女人并不是总能被理解。有时，他们强烈的情绪反应会使自己和他们的咨询者震惊。他们会问："为什么一个妇女选择的权利会带来如此深的伤害？"他们的情绪反应往往是因为对失去孩子的哀痛；这种复杂的，延迟的，被剥夺的哀痛是对失去孩子的一种适当反应。

　　堕胎的伤口如此之深，以至于这些男人和女人很难向别人提及这种痛。堕胎前的咨询没有充分的告诉他们可能有的堕胎后的强烈情绪反应，所以这些男人和女人把自己孤立起来，并认为没有从他们的哀痛中走出来是他们自己的错。我们的经验显示，当男人和女人们讨论他们的痛，分享他们的经历时，小组形式非常有果效，尤其是第一次。

　　我们试图和您合作并希望能带着任何问题拜访您。我们的建导师和志愿者受过培训以指导本次学习。学习教程由真理概念公司领导人，专业咨询师和保健怀孕中心咨询师而写。机构位于怀恩城，阿肯色州。公司职员/志愿者可能有或没有咨询方面的学位。他们有或没有所在州颁发的证件。因此，本小组教程并不是要取代专业咨询。我们提供信息，咨询和支持。参与《康复概念旅程》小组需要付最低成本费用。费用可能因小组不同而不同，用于住宿，材料和用品。某些情况下我们也提供奖学金。

　　小组是否接收您的患者取决于您的回复。因而，我希望您能尽快打电话告诉我您对此事的看法。我也期盼回答您的任何问题。请查看随信附上的联系方式，随时欢迎和我们联系。

致敬

分组前须知
在参与者交回填好的问卷调查表和同意分享表后

 面谈时讨论问卷调查表

面谈时讨论填好的调查表是非常重要的。面谈的目的是让参与者融入小组学习。面谈是确认参与者"准备就绪"开始治疗旅程。

面谈可以建立建导师和参与者之间的信任。是再次保证并强调保密性，并收集任何能够帮助建导师评估参与者在治疗旅程中所处位置信息的时候。胜任的建导师要掌控参与者应该分享的量并且不让他们说太多。建导师要察看并保护参与者以免走得太远太快。胜任的建导师要听并观察参与者的任何可能的红色危险区或参与者暗示的非小组素材的线索...

有些参与者没有准备好进入小组而且可能会从一对一或专业咨询形式中收益更多。 以下情形的客户可能更适合单独咨询：那些刚刚堕胎的，青少年，或者那些有其他小组成员很难接受的经历的人比如曾在堕胎诊所工作过。如果建导师在面谈过程中预感到红色危险区或在所提供的信息下有"掩藏物"，这可能预示着在接受参与者之前还要做进一步调查；比如，有自杀念头，滥用药物，疑有心理问题史，或一时冒出太多的问题。

问你自己我们怎样才能最大地满足他/她的需要？倾听他们。
他/她最大的需要可能并不是堕胎后的咨询。尽管我们知道因堕胎未解决的问题而引起的行为给生活的方方面面带来麻烦，但他/她在着手这个事之前可能需要先处理一下别的事（性方面的事，婚姻咨询，等等）。还有，如果参与者处于怀孕期，他们需要等到宝宝出生后再进行堕胎后的康复治疗。

参与者加入这个小组合适吗？
如果按相似的年龄和堕胎次数分组员的话，小组学习效果最好，至少，建导师应该保持敏感并尽量不要把有七次堕胎经历的人和一次堕胎经历的人放在一个小组。男女混合小组是可以的，即使小组内有夫妇也行。记住，如果混合男女和/或加入夫妇到小组，必须确定每个小组成员都接受这个混合小组。当有问题出现，某个男学员/女学员需要等下一个小组时，信靠神和他的时间。如果你祷告了，即使是最后一分钟的改变也可能是神的计划。不要把朋友分到同一个小组。在把两个来自同一个教会的人分到一个小组之前，一定要先征询意见，尤其是如果其中一个人担任有领导职务。

面谈期间建导师要充满爱和鼓励——和参与者保持融洽并建立信任。准备45分钟到一个小时问完问卷上所有问题和其经历以了解未来参与者。和他们一起祷告并祝福他们。**给参与者做个文档夹并把问卷调查表放进去以备用。** 当第一封信，问卷调查表和同意分享信息表发送/回收时，**在参与者文档核对一览表**（见下页）上写下日期。在参与者完成小组学习的过程中继续在一览表上记录适当的条目。

分组前须知
在参与者交回填好的问卷调查表和同意分享表后

参与者文档一览表

姓名 _____ 日期_____
地址 _____ _____
城市_____ 省_____ 国家_____ 邮政编码_____
电子邮箱 _____
电话 _____ 手机 _____
紧急情况联系人和电话号码_____

_____

保密：我们可以留言吗？可以___   不可以___

分组前须知

- 第一封信, 参与者调查表, 同意分享信息表　　　　发送日期 _____
- 医生/理疗师信函 （如果不使用请写 N/A） _____ 发送日期 _____
- 填好的参与者问卷调查表及同意分享信息表　　　　寄回日期 _____
- 面谈　　　　　　　　　　　　　　　　　　　　　完成日期 _____
- 在小组学习前邮寄参与者用书　　　　　　　　　　发送日期 _____
- 在小组学习前邮寄鼓励信《银匠的火》　　　　　　发送日期 _____
- 开车路线和最后备注　　　　　　　　　　　　　　发送日期 _____

小组第一次会议

- 小组合同/承诺　　　　　　　　　　　　　　　　　签署日期 _____
- 参与者在小组中的进展笔记　　　　　　　　　　　完成日期 _____
（笔记在每组会议后写好并归档。）

小组结束后

- 周末小组　　　　　完成日期 _____
- 追思活动复印件　　　　　　　　_____
- 评估　　　　　　　上交日期 _____

请给所有完成的条目打勾：

- 把（参与者）加入邮寄地址表 _____
- 生命追思的圣礼/通知 _____
- 下一次志愿者培训的通知 _____
- 完成志愿者培训 _____
- 服务领域 _____

审阅人 _____

分组前须知
在参与者上交填好的问卷调查表和同意分享消息表后

 寄出参与者用书

只要潜在的参与者交了注册费，就要把参与者用书寄给他们。因此他们会有时间在周末小组开始之前完成前两课。**提醒他们不要超前预习书本。**《康复概念 旅程 》参与者用书的设计使得在受过培训的建导师指导的小组讨论中使用该书更有果效。建导师将会引导参与者完成每章的活动或仪式。这些活动和仪式将给参与者充电，帮助他们在一个安全的环境中完成他们的治疗。

同时，建导师也应该考虑到困难和/或如果参与者只能付部分学费，等等。记住，投资于自我改变对参与者来说很重要。在考虑周末小组部分或完全奖学金时，祷告并请求神帮助你鉴别和做出智慧的决定。

跟进并确认参与者收到他们的书。如果他们拿到书，向他们再次解释提前完成第一，二课的重要性，并提醒他们带教程到周末小组课堂。

在小组开始前两个星期，寄出鼓励信函，"银匠的火"（见下页）同时，大概在小组开始前一个星期，给所有的参与者寄出所有的最终提示和线路图。

分组前须知

对你今天的鼓励

银匠的火

"他必坐下如炼净银子"

玛拉基3: 3

　　在一次学圣经时,这句话迷惑了一些参与者。他们不明白这句话说明了神的什么性格和品质。课堂上一位女士自愿去找炼银过程的资料并在下一次上课时带来。

　　那个星期,这位女士打电话给一位银匠并预约去看他炼银。她没有说她对炼银感到好奇的原因。在观察银匠炼银时,女士看到他拿着一块银子把它放到火上加热。他解释说是在提炼银子。为了把杂质烧掉,需要把银子放在火的中间,也就是温度最高的地方。

　　这位女士想起神把我们置于一个如此高温的位置;她再次想起那句经文:"他必坐下如炼净银子。"她问银匠在炼银时他是否要一直坐在火前。银匠说是的,他不但要坐在那里拿着银子,还要始终盯着火里的银子。如果在火里多呆一秒,银子就会被毁了。

　　女士静默了一会儿。她问银匠,"你怎么知道杂质什么时候被全部清除?"他微笑地看着她说:"哦,这很简单——当我从银子上看到自己的影像时。"

**　　无论是男是女,如果你今天感觉到火的热度,记住神在关注着你,直到他在你身上看到他的影像。**

　　作为你的小组建导师,在你完成参与者用书前两章的同时我们一直在为你祷告。我们中大多数都经历过和你相同的处境而且知道治疗有时很有挑战性。请明白在本次治疗旅程中神和你在一起。记住,在有任何问题或担心可能有问题时,请随时打电话或发邮件给我们,不要犹豫。随信附有我们的联系方式。期待着很快与你会面。

为你祷告

小组

是人与人面对面接触的地方!

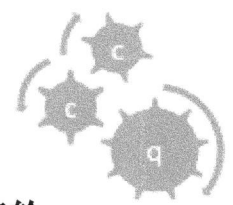 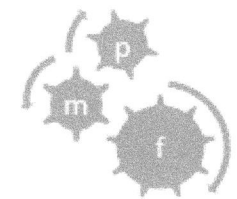

就像汽车中的齿轮...

小组成员通过经历指导,争扎,秘密的计划,"面对面护理",问问题,和承担风险——进入自我屈服的地方并得以实施解决他们的问题。

小组发展是关于找到相关任务和社会情感需求之间的平衡。

而且,在圣灵的力量下,通过再次确认和吸收圣灵力量到他们的日常生活而找到归宿。

--- 米莉·雷斯, 理科教育硕士, 持证心理咨询师

 小组设计

尽管小组常常像汽车中的齿轮一样运作，经由各个发展阶段前进（见**25**页引用句），小组设计是必须的。它给建导师一个指南针以使小组在路上保持正确的方向！

为了有效实施本教程，在小组上课之前，应给参与者机会，先学习要上课的章节，然后来到小组会议讨论。对于周末小组，参与者应在星期五上课之前先学习前两章并回答问题。

每个组由4到6个人组成。小一点的的组能有助于打破孤立和减少堕胎的羞愧。每个组设一个建导师和一个助理建导，这对监督小组以及有效陈述材料很重要。有时，让一个观察人或一个在受训成为建导师的人参加小组是必要的。

为准备每一次小组会议，建导师必须先阅读该章节，回答问题，并为小组祷告。重要的是按照计划走，与各章的目的保持一致，并遵循《旅程》的结构和设计顺序。见以下对小组设计的解释，以及每章指南所用的标志：

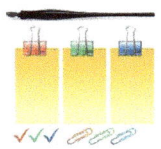 **材料单**

这个单子让建导师熟悉材料，建议用的音乐，和/或他们可能需要提前买的录影带。材料单位于每章指的开始，完整的清单在92，93页的附录上。

 以祷告/音乐开始

经常虔诚的祷告是关键。是神在做工；不是我们。经常倚靠他。对有些章节来说，音乐将定下调子，加强目的。

 **破冰锤**

破冰捶可以是一个带简短回答的陈述，或可以是一个电影片段，一个故事等等。目的是打破沉默让每个人都说话。破冰锤关注小组当晚的主题并提供一致性。

小组设计

 **章节讨论**

章节讨论给小组时间讨论该章节,讨论他们的挣扎,他们所学到的,以及神正在做什么。问问在本章中,什么对他们有意义,有什么困难,或什么是有帮助的。问问题帮助参与者作认知层面的决定。

在小组讨论时间,按照建议的结构进行,但要常常请求圣灵的指导。对决定什么时候加添,或者要不要从本章中加添某个部分来复习时,你要保持敏锐。不要对本章的问题逐一解答;参与者在预习时已经逐一做过题目。每章中的时间分配已成功地在很多小组中检验过。建导师需要对计划有概念,平衡好每一章问题和活动的数目。

在这段小组学习时间,你不可能控制或编排小组里将发生的事—— 你要自然对待。你要熟知建议的问题和该章节的联系,这样才能在合适的时候用本章中某个部分作问题的参考。

讨论不要离题。要建导,不要教课。你的工作是指导讨论。不要提供你可以问他们或他们自己最终会得到的信息。

多听少说。如果你有堕胎经历,可以分享一些你的故事,因为你的经历会帮助参与者更敞开心扉,但是不要过多分享。这是他们的小组,他们的治疗时间,不是你的。对小组中男女学员和他们如何回答保持关注。

总是知道下一步做什么,也要常常祷告并有神的指导。说话要有果效。需要的话,委婉地辨驳。你有权这样做。小组成员也期望你这么做。积极倾听。听清楚什么说了,什么没说。观察身体语言。在参与者回答和适当时,重复,反思,并总结。记住,沉默也行;和他们在一起时保持舒适自在。如果你等,总有人会说话。

由于章节不同,活动的次数的不同,和甄别什么是对本课最好的,你要花在小组讨论的时间会有所不同。

 **休息**

如果在本章指导中有说明的,问题讨论期间给五分钟短暂的休息。提供一些简单的茶点。休息会让神经上,精神上,身体上,和情绪上得到放松。这也是为小组提供一个相互了解的机会。

小组设计

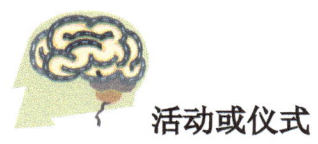 **活动或仪式**

结合动手活动有助于把每章中的经文生动地带入灵魂。活动或仪式是帮助参与者治疗创伤的一个关键。堕胎的创伤是存在左脑的故事。根据丹尼尔·平克（河源书局，2005）写的《全新思维》，左脑负责逻辑，语言和分析功能；右脑负责非线性的，情境的，隐语的，同步的，情境为导向的，和把事件的"大画面"与经历整合的功能。因而，我们可以说左侧大脑是"理性认知"，而右侧大脑是更"感性认知"。更重要的是要记住人的大脑是设计为一个整体使用的。然而，在创伤治疗的早期，激活右脑独特的功能很重要。这样可以接触情绪表达和对经历的感受，也就是问题的"心脏"所在。

通过这种方式，我们不仅给参与者机会诉说他们的故事，而且开始整合他们整个大脑和身体对创伤的记忆。当我们让参与者致力于有组织的感官活动时——画画，运动，游戏，音乐，和想象——我们不仅帮助他们治疗和康复；我们实际上也在帮助他们整个大脑和谐一致地工作。

《康复概念旅程建导师指南》的每一章都设置了某种活动或有意义的仪式以帮助把堕胎的创伤叙述从左大脑移到右大脑。这帮助参与者训练他们身体的一部分，也就是人类最基本的部分，并打造"全新的思维"；或者正如罗马教廷圣经中箴言23:7所说，"因为他心怎样思量，他为人就是怎样..."

在真理概念，我们相信基督是最终的医师。建导师手上的任务是用活动或仪式来最大地呈现每一章里的圣经真理，帮助参与者用感官经历这些真理。活动或仪式通常放在本章指导的真理加油泵和总结问题之前；不管怎样，他们被置于最有果效的地方。只要找如上图片的大脑标志。

 **真理加油泵**

神的话是真理！在堕胎康复的旅程中，我们的加油泵每天都需要真理，因此我们才能"加满油"以继续生命之旅。经文着重强调神的话语的重要性，熟背，并把它和本章的目的联系起来。

小组设计

总结问题

问题总结为从这章到下章提供连续性,总结小组讨论,并把小组时间画上句点。作为建导师,要按时结束。

 安排下章学习时间并以祷告结束

鼓励参与者学习下一章并回答问题。提醒他们总是找个安静的地方学习,这样他们就可以独自和神在一起,还提醒他们不要提前完成后面的学习任务。小组讨论和活动会使每一章节更有果效。感谢神所做的一切并为下一次学习祈祷。

小组设计

作为建导师，你有责任使小组保持"往前走"。在前面几页，你已经学习了《旅程》的结构和设计，现在是"上路"的时候了。在我们到达各章指南和你的小组开始之前，你要记住一个要点：你是在"建导"小组，不是在教。

在指导小组时，祷告并请求圣灵的指引，参与者会经历以下治疗阶段——我们称之为加油站：

> 经历否认
> 识别生气
> 原谅他人
> 处理抑郁
> 接受神的宽恕和原谅自己
> 放手 和为损失哀痛
> 接受——学习新的方法以对付当下的提示并继续旅程

只有依靠圣灵的力量和遵循路上小组的规则，治疗才有可能...

1. 每个人都承诺对此次旅程保密，对在任何地方，任何岔路口所说的话保密。
2. 承诺参与完成全部课程并参加小组活动，能够也愿意改变，准时上下课。
3. 有停止旅程和改变方向的自由，请向小组解释原因。
4. 不做评判。
5. 救助其他小组成员会阻止本组进展；因此，不要救助别人，也不要别人救助你。
6. 不要一言堂，不要打断别人，不要给建议。
7. 不搞任何形式的小团体；比如，在和整个小组讨论之前和任何人讨论课程。
8. 绝对不用任何致幻剂或药物。（除非是处方药）
9. 作为神的子民，我们同意基本要义，并不会批评不同教派或学说。
10. 在治疗的旅途上，每个小组成员都要尊重个体差异。

来，把你的背包装满纸巾，零食，和这本建导师指南，并且...继续阅读！

"领导者是一个识路,走在路上,并引路的人。"

—— 约翰·马克斯韦尔

 建导小组各章指南

需要在小组活动之前做的事
祷告！
需要打的电话：
需要跑腿的事：
通信联系：
需要处理的杂事：

建导小组本章指南

星期五
3:00 PM
<u>登记/为周末小组预备房间</u>

房间的气氛应该是安全和关爱的。让参与者感到受欢迎。周末小组需要一个私人的,安全的地方,提供舒适,温馨的气氛,而不是一个进进出出交通繁忙的地方。提供午后点心。确信在参与者床上有欢迎袋或者蜡烛。欢迎词在附录94页。告知每个参与者小组会议在 3:30 准时开始。

星期五
3:30-5:30 PM

第一章

我在哪里？

第一章的目的是说出和承认恐惧,疼痛地方及障碍,回忆更详细的堕胎细节,并开始获得控制情绪的力量。每个参与者都记得他们的堕胎经历。

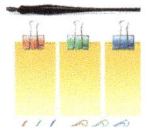
材料单
CD 和 DVD 播放机（每章都需要）
洗脚用的大金属盆或塑料盆
M&M's（巧克力豆豆糖）
白版/活动挂页
可洗记号笔
音乐：《爱在他右手》选自希利亚·沃尔什的CD《敞开心扉》（或者任何有关治疗的歌曲）
视频：DVD《亲爱的孩子》天主教牧师出版社

 **以祷告开始**

介绍小组领导并告诉参与者诸如卫生间在哪里的事情。关掉手机。

建导小组本章指南——第一章

 **破冰锤**

M&M's 巧克力豆豆糖游戏（5-7 分钟）

让小组成员拿两到三个豆豆糖。他们必须至少拿一个。在他们每个人都拿好后，让他们根据所拿豆豆糖的颜色说说有关自己的一个事实。每种颜色代表不同的类型。给他们以下单子：红色——家庭；蓝色——属灵；黄色——个人；棕色——爱好/兴趣；绿色——关系；橙色——"万能卡"

介绍情况（最多25 分钟）

<u>向参与者解释小组的目的</u>
在周末小组，时间虽短但有很大治疗作用。小组必须在一个安全的地方以便每个参与者能够分享他们堕胎的痛苦。小组会给他们力量处理与堕胎有关的哀痛并且帮助他们成功地对付不断出现的堕胎经历提醒物。

<u>治疗加油站和小组设计</u>
请参与者阅读参与者用书第16页治疗加油站。治疗加油站的根本任务是治疗，并且它会帮助参与者处理哀痛。阅读参与者用书第8页由写作小组成员宝莉.邦亭写的序言，再回顾第6页的目录。指出各章节和医治的任务是相关的。说明有些参与者可能不会遇到书中的每种情况，但有的参与者会比其他人多一些。同时，简短的介绍小组结构和设计；比如，我们总是以祷告开始，有破冰锤部分，讨论，活动等等。提醒他们在每章之间会有5分钟上厕所时间。

<u>建立小组规章</u>
朗读并简短的解释参与者用书17页在路上的小组规则。请参与者相互承诺遵守规则。

<u>检查参与者合同/承诺</u>
请参与者在18页上签名，并撕下此页交给建导师。适当的时候提醒他们费用/奖学金。

<u>给参与者做小组进程培训</u>
梦可能会更频繁。幸福，抑郁和一些强烈的情感是正常的。这是一个支持自由表达情感的小组而且会有多次一对一的护理。和小组一起吃饭。这个周末不是参与者的节食日——保证足够的睡眠和运动。

<u>日志</u>
向参与者解释他们应该写日志或把他们的思想和感觉记下来。教程中留有日志页面。

建导小组本章指南——第一章

 **本章讨论**

分享故事（堕胎经历——最多20-25分钟）

建导师或者建导助理应该先说自己的故事。按照小组的人数事先确定好每个人说多少分钟。按照如下问题给小组做示范，分享足够合理的细节。以下是一些帮助小组成员分享他们经历的提纲：

A. 你是如何遇到孩子的父亲/母亲的？
B. 你是什么时候决定你们可以发生性关系的？
C. 是什么压力导致那个决定？
D. 在那时有关怀孕的可能性你是怎么对自己说的？你和孩子的父亲/母亲讨论过你的想法吗？他/她是怎样看待你的想法的？
E. 在你第一次发现怀孕时，你的想法/感觉是什么？
F. 你告诉了谁，他们的反应是什么？
G. 你决定不告诉谁，为什么？
H. 关于怀孕你得到什么建议？
I. 你感到在作决定时太匆忙或是受胁迫吗？谁让你有这种感觉？
J. 描述一下你堕胎前，中，后的感觉？

如果参与者不能分享堕胎的整个故事，鼓励他们分享一部分经。建导师应该记相应的笔记以便帮助祷告和满足每个参与者的需求。感谢每个参与者的分享。

在小组内走动并问："如果你的堕胎经历是个伤口，它会是什么样子并在什么地方？"通过基督的复活力量，圣灵的慰藉，和每个领导者经历的神的恩典和怜悯的爱给与他们希望。告诉他们伤口将会并能医治和改变。鼓励小组把他们描述的画下来或写下来。

 **休息**（看DVD前休息很重要）

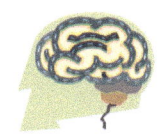 **活动或仪式**

<u>视频</u>

播放由天主教牧师出版社出版的《亲爱的孩子》DVD。这是个引人入胜的故事，从堕胎的经历到神的爱和宽恕来讲述一位女士的旅程。DVD还包括对一些男士和夫妇的采访。（**30**分钟）

建导师本章指南——第一章

 **真理加油泵**

"安慰一切悲哀的人,赐华冠与锡安悲哀的人,代替灰尘;喜乐油代替悲哀;赞美衣代替忧伤之灵;使他们称为公义树,是耶和华所栽的,叫他得荣耀。" 以赛亚书 61:2b, 3

总结问题

完成下列句子:对这次治疗旅程我的目标是...

请参与者思考以下问题:你最想治疗的是什么?你对什么最害怕或者什么是你最困难的地方?放CD音乐。在给他们答案之前,告诉他们你想让他们听听希利亚·沃尔什的歌曲,尤其是合唱部分。放希利亚·沃尔什的CD,"爱在右手",或者其它有关治疗的歌曲。在放歌曲时,问参与者的答案并把答案写在白板上/翻页板上以便所有的人看见。(最多10分钟)

 **活动或仪式**

洗脚(最多15分钟)

约翰福音13:4-17,耶稣为他的门徒洗脚并且说我们应该也这样做。告诉参与者这个周末你是来为他们服务的,象耶稣一样做个仆人。在希利亚·沃尔什的歌声中给参与者洗脚并告诉他们:"他们值得神的爱。"参考参与者用书20页堕胎后思维系统,告诉他们在堕胎后很多时候,我们认为自己不值得神的爱。使他们确信神爱他们并想要他们在此次小组学习中得到治疗。

安排下章学习时间并以祷告结束

说明晚餐后我们将学习第二章绘图者。

5:30–6:30 PM 晚餐

建导小组各章指南

星期五
6:30-8:00 PM

第二章

绘图者

第二章的目的是更好地理解谁是神及他的品质。只有我们认识他，我们才会渴望靠近他并把我们的需要告诉他。本章是整个学习的基础。本章会讨论和尘世父亲的关系问题。同时，我们要更好地理解我们的目标/蓝图和需要神的赐福。

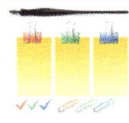
材料单
小镜子
可洗的记号笔
音乐：《祝福他的名》 CD
视频：冒牌天神 DVD （供选择）

 以祷告开始/音乐

播放《祝福主名》CD中"你的圣名多么奇妙"或是播放任何颂扬耶稣之名的歌曲。

 **破冰锤**

有多少人看过电影《冒牌天神》？（供选择；用放一小段电影代替读下面的摘要。）

摘要：布鲁斯被解聘，因此怪罪于神，给神取不同的名字，基本上是亵渎神。布鲁斯声称神如果愿意，可以在五分钟内修复他的生活，神回应了他。神给布鲁斯他所有的能力以证明他的工作不是布鲁斯想的那么容易。于是布鲁斯开始四处测试他是否确有神的能力。然后，他用此能力提升了他的生活并报复了所有最近对他不好的人。他终于尝试应允每个人的祷告，结果导致世界骚乱和动荡。于是布鲁斯放弃做神并跪下求神让他再次成为他自己。如果你把神看作是小孩的话，你会用什么词来形容神？

建导师本章指南——第二章

本章讨论

参与者用书25页问题2，请参与者说说一到两个积极的或消极的家族特征。向他们解释敌人来了会杀戮，偷盗和毁坏（约翰福音10：10），但是基督带给我们生命并且给我们更丰盛的生命。

回答32页问题12，13。读33-34页的"神的名字"。请参与者挑选一两个最触及他们的名字并与小组分享。

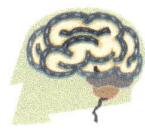

活动或仪式

<u>写在参与者手上</u>

读以赛亚44：1-5。"这个要说：我是属耶和华的；...又一个在手上写归耶和华..."向小组保证他们属于神而且神愿意治疗并赐福给他们。在每个小组成员手上用可洗的记号笔写上，属耶和华。

休息

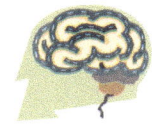

活动或仪式

<u>镜子</u>

让小组传递一面有手柄的小镜子，请每个人都照照镜子并问他们，神看见了谁？如果可以请他们口头描述一下。（小组成员常常会感到很难进行这个活动。我们中大多数都很难肯定自己的价值。）大多数人都不象他人和神一样能看见自身的大部分。

介绍周哈里窗这一心理学工具是很有用的，它由约瑟夫·拉夫特和哈里·英厄姆在1955年创建，能帮助人们更好的理解人际交往和关系（见下页例子）。工具解释了每个人都有自己看的见和看不见的一部分。我公众的部分是被自己，神，及每个人所认识的。我的盲点是自己不知道的，但是神和他人知道。我深藏的部分是被神和自己所知，但是他人不知道。最后，还有一部分是只有神知道——部分不被自己和他人知道——右下角窗格，无意识的自我。想象自己被分割成四片窗户格子。在建导师讲解四片格子时，参与者需要在他们的我的旅程页上画一个"窗户"，并把每个部分写下来。

活动或仪式 （继续）

	自己知道的部分	自己不知道的部分
他人知道的部分	公众的自我	盲点
他人不知道的部分	隐藏的自我	无意识的自我

周哈里窗

真理加油泵

"...求你因你所赐给我的名保守他们，叫他们合而为一像我们一样。" 约翰福音 17: 11b

总结问题

什么阻止你相信神的力量能治愈你堕胎的痛？

✝ 安排下章学习时间并以祷告结束

星期六学习第三章旅程同伴：慰籍和否认。为本章做准备，尤其是鼓励他们学习第48-51页的胎儿发育进程。

8:00-8:30 PM   甜点及团契

8:30-10:00 PM   学习第三章。建导师填写第一，二章参与者进程并记下每次小组会议时间。（格式见下页）

建导师本章指南——第二章

康复概念 旅程
参与者进程记录

参与者姓名 _____

我在哪里? _____
_____
_____
_____
_____

绘图者 _____
_____
_____
_____
_____

旅程同伴：慰籍和否认 _____
_____
_____
_____
_____

生气导致的路障 _____
_____
_____
_____
_____

与宽恕同行 _____
_____
_____
_____
_____

康复概念 旅程
参与者在小组进程记录（第二页）

抑郁之谷 _____

神背着我们走 _____

放手 _____

追思会之后的甜点 _____

继续旅程 _____

乘胜跟进 _____

"为指挥乐团,你必需背对观众。"

~马克思·鲁克多

建导小组本章指南

星期六
7:30-8:30 AM 早餐

给参与者一些小礼物以示鼓励。如果是周末小组活动,在早餐时间把礼物放在他们的床上效果比较好。可以复制附录96,97页上的"亲爱的妈妈"和"亲爱的爸爸"小诗并和礼物放在一起。

8:30-10:00 AM

第三章

旅伴

慰籍和否认

第三章的目的是承认堕胎扼杀了一个生命。我们对堕胎负有责任,并且不能或不愿去天父那儿。承认堕胎是一种罪,这罪必须由神来解决。其他的一些问题也可能被提到,如抑制的防御机制,合理化,辩解,和影射(责备)。

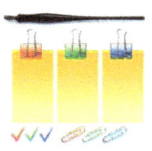 **材料单**

乒乓球
触摸生命第一阶段胎儿模型(供选择)
音乐:帮助得医治 CD 真理概念公司。(供选择)
视频:"托马斯·亚伦的故事"选自《堕胎后的生命》 DVD

 以祈祷/音乐开始

播放祝福主名CD 中的"开眼""或者唱"神擦亮我的心和灵"。

 **破冰锤**

告诉大家记忆中和同伴的一次旅程,无论好的或坏的记忆。

 **本章讨论**

讨论参与者用书43页中第9个和第10个问题,圣经中被预知的孩子。也讨论一些参与者可能觉得特别困难的问题。

建导小组本章指南——第三章

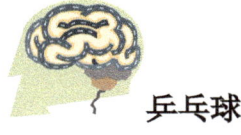 **乒乓球**

每个人都有压力和负担。这在我们生活中是不可避免的。既然我们不能避免它,我们必需学会用健康的方式应对它。请建导助理走到房间前面来。向他/她掷乒乓球。

现在向建导助理掷六个乒乓球,每次掷一个。向他/她扔慢点以至于他能接住。建导助理可以放下手中的球再去接下一个。有时,这就像我们负担发生的方式——慢慢的并且一次一种负担。

想想有时坏事发生了,但是你能够应付因为它来的不是太突然而且你能在别的连锁反应之前处理好它。比如:你可能经历过一年之内有父母生病住院还有孩子离家上大学,但并不是在同一时间。

这一次,向建导助理快速掷球而且他/她必需拿着球去接下一个球。有时候一些小小的压力一次袭来。这时就很难应付。

现在向建导助理一次把球全扔过去。有时,一件事如未计划的怀孕是如此大的压力以至于它让我们感到事情失去控制并使我们建立保护防御机制。

 **本章讨论**

讨论参与者用书第47页的"压力和防御机制"。请参与者分享一下他们可能用的最多的个人防御机制并且什么是最能触及到他们的。

请组员说说他们在参与者用书45页责任派图中有关影响堕胎经历的百分比。

回顾一下42页的问题8。让参与者分享一下知道他们怀孕后,一些人的反应。同时,也看看48和51页,让他们说说他们堕胎时胎儿有多大。

建导小组本章指南——第三章

 **休息**

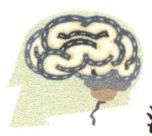 **活动或仪式**

"托马斯·亚伦的故事"

从《堕胎后的生命》DVD中播放2分钟"托马斯·亚伦的故事"。选择性活动：如果可以,展示一组胚胎模型和/或播放由真理概念制作的《帮助治疗》CD中的歌曲"我想要抱着你"。

 **本章讨论**

给参与者机会分享参与者用书46页中损失时间图表。并问他们是否有某一个损失影响过他们做堕胎的决定。

 **真理加油泵**

"你们必晓得真理,真理必叫你们得以自由。"约翰福音8:32

总结问题

慰籍和否认被用于处理损失但也可能是对罪的一个反应。完成下列句子：每当想起堕胎经历,我不能再否认...（确定承认性方面的罪）

 安排下章学习时间并以祷告结束

学习第四章生气导致的路障

10:00-12:00AM 中午学习第四章建导师填好参与者进程记录

12:00-1:00PM 午餐

"想想你因生气和悲伤所受的伤害要远远超过你对事情本身的生气和悲伤。"

～马库斯·安东尼

建导小组本章指南

星期六
1:00-2:30 PM

第四章
生气导致的路障

第四章的目的是了解我们表达怒气的方式并把它和我们的家庭背景相联系。了解圣经对表达怒气的指导，并分辨与堕胎有关的未解决的怒气和苦楚。目的是意识到生气是因损失引起的附属情绪，损失引起伤痛，伤痛引起生气。很多男人和女人们假装他们不生气。

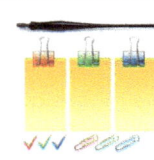

材料单
空椅子
橡皮筋
视频：《路霸小子》片段 DVD （供参考）

 **以祷告开始**

 **破冰锤**

放一段《路霸小子》DVD （供参考）
你记忆中最早的一次生气是什么事？

 **本章讨论**

让参与者大声读参与者用书56页第3段和第4段。指出生气常常是附属情绪。

讨论参与者用书60页问题4-6，和61页问题9。并讨论63页的生气周期图。

建导小组本章指南——第四章

 **活动或仪式**

橡皮筋

给每个参与者一个橡皮筋（或让他们自己拿需要的数量）并叫他们把橡皮筋戴在手腕上。叫他们在想到堕胎给他们带来的生气时就弹一下橡皮筋。弹橡皮筋提醒他们生气会使人痛。参与者需要一直带着橡皮筋直到不生气了。

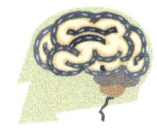 **活动或仪式**

空椅子

参考在第四章末参与者用书《旅程》上给神的信。按次序，每个参与者都选一个他们在信上提到的人并想象他坐在空椅子上。做角色扮演，当参与者处理怒气时，他们说出被埋藏的情感，面对过去的伤害和痛。如果现在的生气不是以前被埋藏的生气所引起的，那么就用理性的"我"的方式对待当前的生气。"我感到生气是因为..."如果建导师感到舒服去扮演被择选的角色，以及参与者希望建导师坐在椅子上，那么建导师可以扮演参与者所选择的对象。在做回应以前要先观察。基本上，建导师只要扮演被选择的人坐在椅子上并让参与者释放他们的怒气。大部分时间，在此过程中不需要做任何回应。

对建导师的重要提示：

在我们讨论慰藉和否认章节里的贡献/责任派图之后，这张图成为本章的一个工具。这图帮助我们遵循参与者运用真理上已经取得的进展，那就是他们需要原谅他们仍然生气的人。对生气是附属情绪的讨论使参与者可以开始正确识别他们生气的触发点。生气可能来源于恐惧，挫败，和拒绝。鼓励参与者回想在他们生气之前他们的感受是什么或他们在想什么。

生气使我们感到相对安全。而让我们感到脆弱和危险的是那些触发我们生气的东西。脆弱时我们需要学习信靠神。

同时，讨论耶稣和我们生气的不同之处。耶稣对罪表达义怒，但是他从没有对那些逼迫他的人生气。不论耶稣何时表现出生气，都是为了他人的益处。当我们生气时，常常是因为有人挡了我们的道。总有一些情况下，人们需要承认他们对伤害过他们的人的怒火，空椅子这个活动能很好的帮助他们发现这种怒火。他们直到认识并承认怒火才能释放它。建导师可以有效利用参与者用书第63页的生气周期图。

建导小组本章指南——第四章

 **真理加油泵**

"不轻易发怒的,胜过勇士;治服己心的,强如取城。"箴言16:32

总结问题

完成这个句子：生气是...

 **安排下章学习时间并以祷告结束**

学习第五章与宽恕同行。

2:30-3:30PM学习第五章。建导师填写参与者进程记录。

> "原谅是关系的润滑油。"
>
> ~ 乔什·麦克道尔

建导小组本章指南

星期六
3:30-5:30 PM

第五章
与宽恕同行

第五章的目的是理解一个关键概念,即我们已经得到了神的宽恕,因为赎价已经付清。因为我们被宽恕,神希望我们把这宽恕带给他人。目的是确定和处理我们心中与堕胎经历相关的还未被原谅的地方。目的是停止给宽恕加上附加条件。目的是理解什么是宽恕以及什么不是宽恕。并指出宽恕不等同于信任。以及神是公义的,但我们不是。我们想从神得怜悯,从他人处得公义。

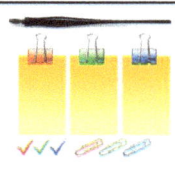
材料单

椅子
红色记号笔
一些石头
水瓶
音乐：帮助治疗CD, 真理概念国际（或其他音乐）

 以祷告开始

一起背诵主祷文。

 **破冰锤**

让小组成员闭上眼睛并想象他们在上小学,一天早上,老师把那些不良行为的学生的名字列在黑板上,而且你的就是其中一个！你的惩罚是没有课间休息，你为此伤心沮丧。几分钟后，校长走进来并说他接到消息有人已经为你的不良行为赎罪。他拿出一块大的黑板擦把你的名字从黑板上擦掉了！你非常高兴。你终于可以出去玩了。哦, 等等, 接下来几分钟你被抓住讲小话,你的名字又上黑板了！宽恕不等于信任！尽管我们因他人承认做错了事而原谅别人，但是我们不一定要相信他们不会再伤害我们。我们不能改变人心。只有基督的十架才能救赎我们的罪，也只有神的大爱才能帮助我们以基督为我们赎罪的方式宽恕他人。我们可能从不会忘记他人对我们犯的错，但是一旦我们真正被宽恕，即使我们记得罪过，也不会再受到它的伤害。宽恕不是一个橡皮擦！

建导小组本章指南——第五章

 **本章讨论**

以让小组完成宽恕是...这个句子开始讨论。
到每个小组都看看并问他们的评价或者对本章的印象。

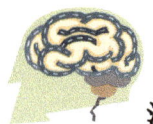 **活动或仪式**

十字架活动（最多30分钟）
　　读歌罗西书2:13-14。让参与者在参与者用书第76页的十字架上写下他们所有的罪，那些基督为了他们能得到宽恕而死的罪。

　　让他们确信除了他们自己没有别人可以看到他们写的罪。告诉他们用大的分类，因为明显的几百张纸也列不完我们的罪。给他们时间思考，并让圣灵做工。同时，让他们写下过去的有罪的性关系，并解释在参与者用书第78页的"性科学——粘接和打破性的束缚"

　　建议他们在书上写下他们以前的性伙伴。如果时间允许，按照78页底的1-8的顺序进行。让参与者熟悉这个仪式是很好的。如果参与者有多个性伙伴，可能没有时间让他们为每个伙伴完成仪式。参与者可能想等会儿再完成他们的列表。

　　给每个参与者一只粗的红色记号笔并指导他们用记号笔完全盖住他们写在十字架上的罪。红色记号笔代表基督付清我们罪的宝血。同时提醒他们仍然可以看见列表。就如，我们记得罪的后果，而且有时仍和它斗争，但是他们不能把列表从红色记号笔下取出——它们已被永远覆盖。覆盖在我们身上的血要比记号笔伟大多少倍啊！基督已经在十字架上付清了这些罪；代价已经偿还；这就是我们是怎样被宽恕和为什么被宽恕并希望以宽恕他人作为回报。

 **本章讨论**
　　讨论参与者用书72页问题5, 和6, 不原谅他人的仆人的寓言。同时，还讨论71页列表上骄傲的和破碎的人。

建导小组本章指南——第五章

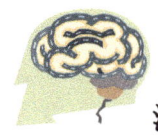 **活动或仪式**

空椅子

问有没有人需要把"不可原谅"的人放在椅子上并把所有不可原谅的事说出来。

 **休息**

用30分钟的时间写信和休息。在休息时间，给那些需要被原谅的人写信，给与原谅（参与者是受害者）。同时也写信请求原谅（参与者是冒犯者）。不要寄出这些信除非你虔诚的考虑这样做。建导师注意观察以帮助他们审视自己的动机，及可能产生的影响，等等。

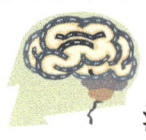 **活动或仪式**

石头活动（最多留30分钟的时间给本课其他内容）

让参与者为每个他们要原谅的人选一个石头。不要让参与者为神选一个石头（神是完美的也没有做错事）。向参与者解释，带着这块不可原谅的"负担"一边祈祷一边走向水边，如果附近就有有水的地方。如果附近没有有水的地方，就找一个安静的地方祈祷。这个散步是一种静静的，沉思的，并考虑除去他们身上带的负担。

在参与者到达有水的地方时，在静默和音乐中向他们解释，他们应该保持向神祈祷的心，祈祷神帮助他们原谅自己，尤其是原谅别人。如果用的是帮助治疗CD，播放冥想曲6和第7首"爱自己"。原谅自己就是简单的接受神宽恕罪的计划——甚至是堕胎的罪。神对罪必须受到惩罚的要求已经完全被基督的宝血偿清。

现在告诉参与者，在下首歌的时间里，他们可以随时自由的把"负担"石头扔进水里。放CD 帮助治疗，冥想第10首，和第12首"在爱的瀑布前"

在参与者扔负担后，让一个帮助者把水从一个大水罐中倒到他们的空手中，就如他们在基督爱的瀑布中冲洗。

如果附近没有有水的地方，这个活动可以在房间通过安静的"行走祈祷"进行并把石头丢掷到垃圾筒里然后再倒水在手上。

建导小组本章指导——第五章

真理加油泵

"并要以恩慈相待,存怜悯的心,彼此饶恕,正如神在基督里饶恕了你们一样。"以弗所书4:32

总结问题

解释悔悟的心（诗篇51）的重要性。它对堕胎后治疗过程中在接受神的宽恕,宽恕他人,和宽恕自己的重要性。

✝ **安排下章学习时间并以祷告结束**
晚餐之后学习第六章抑郁之谷

5:30-6:30PM 　　晚餐

6:30-7:30PM 　　学习第六章建导师填好参与者进程记录。

7:30-8:00PM 　　甜点

建导小组本章指南

星期六
8:00-8:30 PM

为星期天的艺术工作室做准备

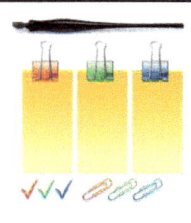

材料单
棕色记号笔
帆布板 11x14 in. (27.94 x 35.56 cm)
2 号铅笔
画画用的胶布,1 英寸宽 (2.54 cm)
手的样本（在参与者用书第 110 页和 112 页）
描图纸
音乐：自选 CD

备注：艺术工作室所需要的所有东西都列在参与者用书107页,它们都可以在任何美术用品店买到。

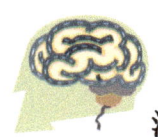 **活动或仪式**

<u>为耶稣是接生者艺术工作室描手</u>

画画和音乐是非常好的治疗方式。尽管我很喜欢唱歌和写歌,但是我就连最简单的简笔画也画不好。在2008年,当我遇见一位对如何可以帮助康复概念很好奇的画家时,我很兴奋。我开始告诉她我写这本教材的想法,教材包含很多活动/仪式以帮助把堕胎的创伤从大脑左侧移向右侧。艺术工作室这章是由画家林恩玛丽·戴维斯所写。她告诉我说："这灵感真的来自圣灵。"林恩对我们这些堕胎后的人很有爱心。这帆布画将会很美丽,即使像我这样不会画画的人也能画。

在放任何轻音乐时,按照《参与者用书》第107页第一天的指导做。它指导参与者用胶布贴帆布板,并从《参与者用书》第110和112页用棕色记号笔描手形。这些都是为第二天,星期天的艺术工作室做准备。

"你是否认为一个生命在母体之内是完完全全的题外话。 你不能否认正在被创造着的一个事物，并且这创造正在以物理的方式进行... [堕胎]这件事，并不像很多人坚持认为的那样无害和休闲。 心理上的代价是要付的。 它可能是异化； 也可能表现出推离温暖的人性；或许是母性本能的渐冷硬化。 作为一个精神病学家，我知道当女人毁灭了一个妊娠，在她的意识深处肯定会发生一些事。"

~ *詹姆斯·福格尔博士*
精神病学家, 产科医生和堕胎师

建导小组本章指南

星期六
8:30-10:00 PM

第六章

抑郁之谷

第六章的目的是识别和学习一些圣经原则以便帮助治疗抑郁。它是关于了解悲伤和哀悼，内疚，羞愧，焦虑，以及神是怎么说这些的。它是谈论自杀倾向和堕胎的关系。考虑参与者会选用哪些方式承认孩子的死和如何为他/她的孩子哀悼。讨论电影蒂莉如何使我们意识到堕胎后的悲伤这块领域的。

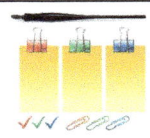 **材料单**
宝宝信息卡（见60页）
眼泪瓶
音乐：祝福他的名 乐器CD
视频：蒂莉 DVD 弗兰克·皮尔提

 以祈祷开始/音乐
"你是我藏身处"祝福他的名放CD

 **破冰锤**
读《参与者用书》75页中阿伯拉罕·林肯的引言。让小组给出其它经历萧条时期的著名人物的名字。

 **本章讨论**
读参与者用书中81页的真内疚和假内疚。同时讨论84页中问题5，6，7。

 **休息**

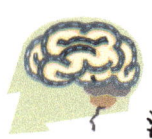 **活动或仪式**

放DVD 蒂莉（**40分钟**）。讨论参与者没做哪些和他们会做哪些活动以表达他们的悲伤和荣耀他们的孩子。介绍追思会提供机会表达这些情感以圆满结束治疗。活动是安全和保密的。

给每个参与者一个眼泪瓶。读诗篇56：8 "...我几次流离，你都记数；求你把我眼泪装在你的皮袋里。这不都记在你册子上么？" 解释《参与者用书》90 页的眼泪瓶的传说。

 **真理加油泵**

"耶和华如此说：你们不要记念从前的事，也不要思想古时的事。看哪，我要做一件新事；如今要发现，你们岂不知道麽？我必在旷野开道路,在沙漠开江河。"
以赛亚书43：18-19

总结问题

我已学到使自己不再抑郁的新方法是... 我能采取哪些步骤以帮助我对生活作出更好的选择？

 安排下章学习时间并以祷告结尾

从CD中放一首带来平安的歌并以此作为解散祷告。下次学习时间是星期天早饭后。提醒在小组本周的周末活动是追思会。鼓励他们休息并花一些时间为他们的孩子哀悼。给每个参与者一张宝宝信息卡（见下页）并告诉他们如果他们已经给宝宝们取名字了，就把名字填好并在下次小组活动时间把卡片带上。建导师填好参与者的进展记录。

宝 宝 信 息 卡
(请工整填写)

宝宝姓名：_____
(和你希望在证书上的名字一模一样)

母亲/父亲的姓名：_____
(和你希望在证书上的名字一模一样)

宝 宝 信 息 卡
(请工整填写)

宝宝姓名：_____
(和你希望在证书上的名字一模一样)

母亲/父亲的姓名：_____
(和你希望在证书上的名字一模一样)

宝 宝 信 息 卡
(请工整填写)

宝宝姓名：_____
(和你希望在证书上的名字一模一样)

母亲/父亲的姓名：_____
(和你希望在证书上的名字一模一样)

"要以手足之爱彼此相亲,用恭敬的心互相礼让。"

~罗马书 12:10

建导小组本章指南

星期天
7:30-8:00 AM 早餐

8:00-9:00 AM 学习第七章 神背着我们走

9:00-10:00 AM

第七章
神背着我们走

第七章的目的是领会十字架的意义,肯定耶稣是我们的救主,开始真正走进神的宽恕,并理解成为一个基督徒意味着什么。

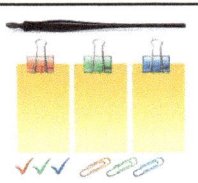
材料单
我在天堂抱着你　作者　杰克·海福德
紫色或红色的小长方形
红色纸包裹的小盒子,白色的蝴蝶结和彩纸
剃须刷或化妆刷
卷筒卫生纸
音乐：CD

 以祷告开始

 破冰锤

列举一个说服你买其产品的,你最喜欢的商品广告。

建导小组本章指南——第七章

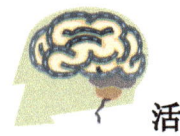 **活动或仪式**

包拉撒路

让参与者回忆约翰福音 11:17-44 中拉撒路的故事。从经文 21 句开始,"马大对耶稣说:"主啊,如果你早在这里,我的兄弟就不会死了!22 就是现在,我也知道无论你向神求什么,神必赐给你。"23 耶稣对她说:"你的兄弟必会复活。"24 马大说:"我知道在末日复活的时候,他必会复活。"25 耶稣说:"我就是复活和生命;信我的人,虽然死了,也要活着。26 所有活着又信我的人,必定永远不死,你信这话吗?"27 她说:"主啊,我信;我已经信了,你是基督,是神的儿子,就是那要临到世界的。"

询问该组是否有人会觉得,在堕胎后他们仍然有一些地方,需要耶稣医治。他们有没有觉得在某些方面已经死了?告诉他们你会用绷带(卷筒卫生纸)包裹受伤的地方。可能用他们的头来代表他们的想法,或用心代表他们的感情,手代表关系,等等。然后包裹他们所说的身体部位。并读故事中的下列经文:

38 耶稣又再心里激动,来到坟墓前面。那坟墓是一个洞穴,洞口有块石头堵住。39 耶稣说:"把这块石头挪开!"死者的姊姊马大对他说:"主啊,已经四天了,他必定臭了。"40 耶稣说:"我不是对你说过如果你信,就必定看见神的荣耀吗?"41 于是他们把石头挪开。耶稣举目向天,说:"父啊,我感谢你,因为你垂听了我,42 我知道你常常听我,但我说这话,是为了周围站着的群众,叫他们信是你差了我来。"

(暂停一会,给一个安静和反思的时间。小声的告诉参与者你很快会叫拉撒路出来,当你大声说出名字时,参与者将请求神帮助他们"解开"他们的葬衣。)

43 说了这话,就大声呼喊:"拉撒路,出来!"44 那死了的人就出来,他的手脚都缠着布,脸上裹着巾。耶稣说:"解开他,让他走!"

这个活动可能对参与者是个极大的释放。是胜利的时刻!

 **本章讨论**

讨论参与者用书93页中问题2和3。请人给小组作一个有说服力的演讲。

建导小组本章指南——第七章

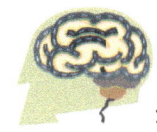 **活动或仪式**

<u>礼物</u>

给每个参与者一个用红色纸包装的盒子,并解释耶稣的血覆盖了我们的罪。(诗篇32:1,诗篇85:2-3),救赎我们,并带我们靠近神。(以弗所书2:13)

让每个参与者把蝴蝶结系在盒子上以象征他们的信念。

读 **礼物** (下页)并表演此文。

耶稣已经洗过你心以净化你有罪的心,也用纯洁的水洗过你身。他给你穿上华丽的结婚礼服。你是洁净的!因此,通过耶稣的血你可以坦然进入至圣所,存着诚心和充足的信心来到神面前。通过信神的话,你用你的罪恶感换来真正的喜乐和自由。(希伯来书10:19-22,以赛亚书61:10)

(对那些堕胎的夫妇,给他们每人一个盒子,并多给他们一个盒子用以连接他们的两个盒子——象征着耶稣不仅洗净他们各自的罪,而且宽恕他们为一对夫妇。鼓励夫妇一起忏悔堕胎的罪。)

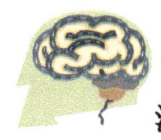 **活动或仪式**

<u>一片面纱</u>

读《参与者用书》97页第一段。然后给小组成员展示一片面纱(一片小的书签大小的深紫色或红色面纱提醒他们,当寺庙的面纱被撕成两半——那是为了他们,而且他们和基督同为神的儿女。)

建导小组本章指南——第七章

礼 物

一个漆黑的冬夜,我孤单而绝望,自杀未遂。

我听到轻轻的敲门声,便开了门。主站在门口,在纷飞的大雪中散发着温暖,他手抱着一个闪闪发光的红色盒子,盒子上有个纯白色的蝴蝶结。他伸手给我礼物。"我一直渴望把它带给你,我的孩子。就如我把它送给很多人,现在我把它带给你。接受属于你自己的救赎礼物。你所需要做的只是请求。"

我接受礼物时,他温柔地笑着。"礼物不能被打开,"他说。"在盒子里,我已经把原谅放在你所承认的每个罪,和你将承认的每个罪里直到你来到天堂。只要用一颗忏悔的心请求原谅,你将被原谅。所有的罪都在这里。"

"孩子,没有什么可以把这个救赎礼物从你手上夺走...因为这个礼物已经很安全地用我的血,耶稣的血覆盖和封缄。"

"看,我会向你揭示一个秘密。看到这个漂亮的系在红色的包装上纯白色的蝴蝶结了么?这是你的蝴蝶结,'一个你我之间的标志,'说明你被救赎了。这是一个救赎保证蝴蝶结。每当你看着这个蝴蝶结,你会记得我对你的承诺。"

他走后,其温暖仍然充满了我的房间。随着时间的流逝,他带来的温暖也逐渐消失。当我因罪而内疚时,就看着礼物说,"主,对不起,请原谅我。"

然而,怀疑逐渐滋生。那种罪也包括在救赎的礼物中吗?那种罪是被耶稣的血覆盖了吗?焦虑中,我撕开救赎保证上的蝴蝶结,意图打开礼物盒,以确信礼物在那儿。

如他所说,礼物是不能打开的。没有什么能跨越耶稣的血。而我所作的一切毁坏了我美丽的蝴蝶结保证。懊悔和自怜的泪水流了出来。蝴蝶结已被毁坏,而我再也感觉不到被宽恕了。

主又一次敲响了我的门,如他一贯的忠实。我开门时,他温柔的笑着。"你为什么愁眉不展?如果你好好跟随我,你的愁眉化不开么?至于你的礼物,不要哭泣,要高兴!因为我给的礼物从来不会被拿走。看,它在这儿就如我给你的时候一样。只是蝴蝶结保证不见了。"他小心的又放了一个蝴蝶结在我的亮红色的礼物上,并劝告我不再撕下蝴蝶结。

于是我再也没有撕毁蝴蝶结。他转身离开时说:"我就常与你们同在,直到世界的末了。"

梅里利·克拉克
1983年圣诞
经授权后使用

 **休息**

 **本章讨论**

讨论《参与者用书》96页问题5。字"奢华"的意思是豪华丰富,精心制作,赠送东西大方或者数量巨大。

以上剃须刷广告"每根超级獾毛都是手选,每个泡泡在脸上的感觉就如它在毛刷上那样圣洁"。

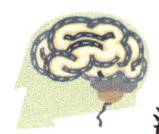 **活动或仪式**

神丰满的爱和恩典

作为一堂实践课,用剃须刷或一个很大的化妆刷,在得到参与者同意后,用刷子轻轻的刷或"慷慨给与"神的恩典。在此活动期间放CD。

建导小组本章指南——第七章

真理加油泵

"从他丰满的恩典里,我们都领受了,而且恩上加恩。"

约翰福音1:16

总结问题

解释"神背着我们"对你意味着什么。

安排下章学习时间并以祷告结束

　　学习第八章放手。让参与者花一些时间准备他们的作业。谈谈花些时间在他们的宝宝上,如给宝宝取名字,给时间悲伤,和做一些纪念他们宝宝的事。给每个参与者一本由杰克·海福德写的我在天堂抱着你。告诉他们书是给他们的礼物可以带回家。并请他们记住他们的宝在天堂等着他们。

　　10:00-11:00 AM 学习第八章 放手。建导师填写参与者的进展记录。同时,在参与者学习时,准备纸盘,颜料,以及其他在《参与者用书》107页列表中为作画所需的东西。

建导小组本章指南

星期天
11:00–12:30 PM

第八章

放 手

第八章的目的是让参与者对待他们因堕胎而失去的孩子并让他们知道他们会在天堂再次遇到他们的孩子。目的是做一些事来纪念他们的孩子并给他们力量结束悲伤的过程。

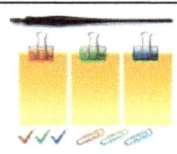
材料单
艺术工作室教具 （107页参与者用书）
婴儿毯
小册子：《无声的哭泣》和《追思未出生孩子》
音乐：自选 CD

 **以祷告开始**

 **破冰锤**

名字给你身份和荣誉。列举一个著名的演员因他或她的电影事业或因在百老汇,他们改变了自己的名字。

 **本章讨论**

问每一个参与者在学习期间,主向他们显示了哪些有关他们孩子的事。让每个父母委托神照顾他们的孩子祷告。

建导小组本章指南——第八章

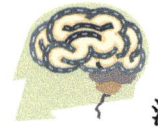 **活动或仪式**

婴儿毯

在放CD时,给每个参与者一个柔软的婴儿毯子,每堕胎一次给一个毯子。给他们时间怀抱毯子并释放他们的感情,哭泣或喜悦。提醒他们任何他们想抱抱毯子的时候...毯子是他们的了。此时,请读下面这首诗:

蓝眼睛

天堂很美,我们的宝宝在那儿
玩耍,跳跃,仰望飞翔的鸟儿。
身穿洁白的衣裳滚下小山坡
耶稣的天使,不管白天或黑夜
我的孩子将是什么样?我会看见什么?
我看见蓝色的眼睛正在等我。
她在耶稣的怀抱,毯子温暖舒适
他对她轻轻耳语并给她拥抱
他在对他们说什么?他们在玩什么游戏?
躲猫猫和红色流动站,欢迎来我家
他在盛宴上喂他们,我们都将享用的盛宴。

在我们准备好见他的时候--- 任何日子,任何时间。
他想要我们去那里。他想要我看见
那些蓝色的眼睛,正在等我!

米莉·蕾斯,2011年2月20日

95页附录有这首诗,以便你给参与者复印本诗。

<u>宝宝信息卡页</u>

要求参与者填好婴儿信息卡。建导师将把这些名字写在为追思会用的生命证上。

 **休息**

建导小组本章指南——第八章

 **活动或仪式**
艺术工作室（最多一个小时）

 继续放CD。给每个参与者一个帆布画板。（耶稣的手的轮廓已经描好了。）大声读出参与者用书108页耶稣传递者艺术工作室介绍。继续读出109页艺术工作室第二天 介绍。有感情的读——计算介绍要用的时间和参与者作 画时间。尽管你必须注意时间,同时也要给参与者足够的时间来完成他们的画,因为这对他们有很好的治疗作用。

分发小册子或者提供全国未出生孩子追思会和无声哭泣的信息。告诉参与者他们纪念孩子的方式越多,他们治愈的可能性就越大。

 **真理加油泵**

"不再有黑夜；他们也不用灯光、日光,因为主神要光照他们。他们要作王,直到永永远远。"启示录22：5

总结问题
我希望给我的孩子身份和荣誉,并以... 方式纪念他们

 安排下章学习时间并以祷告结束

第八章是小组周末学习的最后一章。第九章会在两个星期后讨论。给参与者一些时间准备追思会和消化小组周末活动所给的材料。

解释追思会是在下一次小组时间。告诉参与者他们会有机会给他们的孩子一个追思会（代替葬礼）它不是公开的,而是私人的,平静和保密的。有些参与者可能想邀请他们的家庭成员或好朋友。如果有这种情况,要确保每个小组成员都同意外人参加。参与者会有机会分享一些事情以荣耀他们的孩子。正式的追思会是一个小型而隆重的私人纪念仪式。不管你选择什么,记得——追思会是作为结束治疗和使父母结束孩子的离去的非常重要的仪式。

12:30-2:00 午餐,休息,并为下午 2:00 的追思会着装。

"奇迹不是因为我们在做这事，

而是因为我们乐意做这事。"

——妈妈 特丽萨

建导小组本章指南

星期天　2:00-3:00 PM

追 思 会

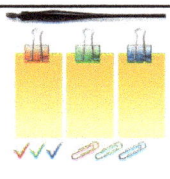

材料单
卡片纸式的或漂亮纸印刷的生命证书
建导师评价（见 77, 78 页）
大白蜡烛, 小白蜡烛, 烛柄, 火柴
仪式方案（见 74-76 页）
姓名卡 （硬纸卡制作）
别针
父母带的红玫瑰/胸花
桌布（建议用白色）
白玫瑰（用于每个孩子的纪念仪式以及花篮）
音乐：《圣地》 杰龙·戴维斯,《主恩典》 帮助治疗 CD（任何以神的恩典为中心的音乐）

　　追思会的目的是给与我们的孩子身份, 尊严, 和荣誉并给那些曾经经历过流产的父亲和母亲们表达悲伤的时间和地点。这对治疗过程和结束悲伤很重要。

　　追思会是在参与者有机会给他们的孩子取名字, 制作一些纪念孩子的手工, 和小组一起画耶稣是接生者的画之后。神会给与他们有力的, 正面的记忆以克服那些在堕胎之后负面的记忆。这是父亲/母亲承认他们的孩子已经死了的时刻, 并在一个关心的团体中表达悲伤的时刻。这也是一个个人感恩的时刻, 因为是主把他/她带到这个治疗的层面上, 现在他们可以展望未来, 因为他们已被宽恕。

　　在成为一个亲密的小组后, 用追思会作为结束就会是很自然的事情。他们可以和家庭成员, 朋友, 牧师共同分享这个经历。这也会是一个小型的, 亲密的追思会, 以便每个人的损失都会被提及并哀悼。同时, 这次也给小组成员一个机会来展现他们的创造性, 特长或天赋。

　　这个活动可以在当地教堂或私人地方举行；比如, 小礼拜堂或祈祷花园。我们建议邀请一个牧师来做一个简短的布道, 布道涵盖人的生命的神圣, 死亡, 埋葬和复活, 永生的希望, 以及鼓励父亲和母亲们完成小组活动。我们也建议准备和印刷节目单以使本次活动特别并给参与者一个纪念。你需要把婴儿的姓名写在生命证明上并为他们做一个姓名卡放在桌上, 旁边放上蜡烛。你需要一根大的蜡烛代表耶稣和一根小蜡烛纪念婴儿。桌上铺上漂亮的桌布。一个装有漂亮衣服或婴儿毯子的篮子，它象征"棺材"。参与者走向篮子时手持白色玫瑰并把玫瑰放在篮子里以象征让他们的孩子走。

　　在以下几页里, 你会看到生命证明, 节目单样本, 和追思会程序。追思会程序包括建导师的致辞和对追思会的重要性的解释。可以分享建导师的致辞。建导师的合作人还可介绍其中一些致辞。

　　如果你想要本次活动的电子文档以便你修改或者你需要这份指导书里的任何表格, 请发要求到电子邮件: info@conceptsoftruth.org

康复概念 旅程

生命证明

我把这个孩子托付给所有生命的创造者,我认识到以下孩子的尊贵和天赋:

_____

是被父亲/母亲认可的孩子,是被爱的孩子,是家庭的一员,是和所有按神的形象被创造的人一样平等的受造者和被爱者,享有同样的继承权和不可测度的价值和能力。

借着因神而受造的美德,这个孩子永远和耶稣住在一起,也住在他/她父亲/母亲的心思意念里,从现在到永远。

_____   _____
日期   见证人

_____
父母签名

纪念

我们的孩子

"愿颂赞归与我们的主耶稣基督的父神,就是发慈悲的父,赐各样安慰的神。我们在一切患难中,他就安慰我们,叫我们能用神所赐的安慰去安慰那遭各样患难的人。"

歌林多后书1:3-4

纪 念

德鲁

吉尔·阿丽森

米歇尔

欧文

雅各布·迪安

"主耶和华的灵在我身上；因为耶和华用膏膏我，叫我传好信息给谦卑的人（或译：传福音给贫穷的人），差遣我医好伤心的人，报告被掳的得释放，被囚的出监牢；报告耶和华的恩年，和我们神报仇的日子；安慰一切悲哀的人，赐华冠与锡安悲哀的人，代替灰尘；喜乐油代替悲哀；赞美衣代替忧伤之灵；使他们称为公义树，是耶和华所栽的，叫他得荣耀。"

以赛亚 61:1-3

追 思 会

加略山教会
纽约, 纽约市
2011 年 2 月 27
2:00 pm

欢迎
开幕祷告
感谢语
音乐

纪念我们的孩子
点蜡烛 命名仪式
献花

简短的布道
音乐
结束祷告

建导小组本章指南---追思会

追思会上建导师评语
（参与者进入时,给他们追思的每个孩子一朵白玫瑰）

欢迎
欢迎在座各位,尤其欢迎那些参加康复概念旅程小组,我们喜爱的男士们和女士们。如果你是受到我们参与者的邀请来这里,那么你很荣幸来陪伴他们。我想提醒你们这个集会是保密的，并请你们尊重参与者替他们保密。对那些今天纪念他们的孩子的父亲母亲来说这里是一个安全的地方。现在让我给小组介绍建导师们并感谢牧师和教堂举办本次追思会。

经文朗读
"你们必晓得真理,真理必叫你们得以自由。"约翰福音 8:32

开幕祷告

感谢致辞
"我们感谢,喜爱和尊重每一个参与者在治疗期间对我们建导师的信任。我们感谢你们凭借你们的忠诚,勤奋,和毅力跨过本次旅程的诸多治疗障碍。"

"主是信实的——在我们信靠他之前,甚至当我们不顺服他时,主仍在我们的生命里做工。他按他的计划行事,为了自己的名成就他的计划——赢得我们每一个人,更正我们,一直爱我们——呼召我们做的更好。"

"堕胎后的治疗过程不是关于你是谁或者你做过什么,而是关于神是谁和他为你做了什么。是关于他在你生活中显示的怜悯,爱,同情,力量,和荣耀。这是你见证你自己和小组其他成员因主的爱和宽恕而被改变的一个过程。作为你的建导师,我们惊喜的看到神的话语的治疗的力量。在我们放音乐时,请和我们一起赞美并敬拜我们的主。"

音乐

点蜡烛/命名仪式/献玫瑰
"现在,我们给我们的孩子们身份,尊严和荣誉。社会不承认或尊敬堕胎的婴儿。我们作为基督徒意识到所有人类生命的圣洁——从最初到死亡。我们的宝宝可能没有生活在世上,但是我们知道他们现在和主住在天堂并受到珍爱。"

"同时,点蜡烛仪式将会给那些经历过任何形式堕胎的父亲和母亲们一个时间和地点悲伤。仪式是必需的,支持悲伤的人,表明他们的损失是重大的并值得承认。这次纪念我们的孩子时允许父亲和母亲们自由地流泪并哀悼他们失去了和孩子们在世上的关系。"

建导小组本章指南---追思会
追思会上建导师致辞

<u>点蜡烛/命名仪式/献玫瑰（继续）</u>

"在我们为主装扮我们的婴儿时，我们是在处理看不见的事情。看不见的事情是永恒的而且有时很难理解。主允许我们用象征的手法处理这些事情因而我们能够坚信他的荣耀并把我们罪的负担交给他。"

"父亲/母亲们，你们已经献上了白玫瑰——你们孩子的象征。当你走在前面时，把你手中的白玫瑰放在篮子里以象征把孩子送与耶稣。这将帮助你切实地有尊严地结束人生这一章节。"

"耶稣我们的主，救赎者，治疗者和永生的希望是用白色的大蜡烛代表。小的蜡烛代表我们要纪念的孩子们。每一支蜡烛有一个名字。名字是你们已经为他们取好的。如果你们的孩子已经出生的话，他们就肯定会有名字。名字代表着尊严，荣誉和价值。名字是重要的因为名字显示特征和血统。你孩子的名字将会作为一个积极的念想来说明他/她对你来说是多么重要，并且你爱这个孩子。"

"请拿上代表你孩子永生的灵的小白蜡烛，并从大的代表耶稣的蜡烛上点亮它。父亲，母亲们面对小组成员，大声说出你们孩子们的名字。你在天地之间承认和宣称他们的身份。这次你可以用任何你选择的方式纪念孩子并把它们呈现给神。然后允许自己让他们走。"

"我们会给你红玫瑰以代表神对你的永远的爱。我们被告知没有什么，即使是堕胎也不能把神由耶稣对你的爱分开。我们也会为你们佩戴精美的小手或小脚胸饰以代表你会永远珍藏你的孩子在心中。"

"父亲/母亲们，如果你准备好了就可以独自前来，或和你的丈夫，家人，或者朋友一起来。这是属于你的特别时间。"（建导师们紧随参与者一起。在他们把白玫瑰放在篮子里以后，点亮蜡烛并说出他们孩子的名字，允许他们一起说并递给他们生命证明。把小手或小脚的胸针给他们带上。递给他们红玫瑰和送给他们大大的拥抱！）

接下来在音乐中进行由牧师，执事，或领导做简短的布道并以祷告结束。

邀请小组和其朋友去甜点处。

"领导者是伟大的，并不是因为他或她的权力，而是因为他或她带给他人力量的能力。"

~约翰·麦克斯韦

建导小组本章指南

星期天 3:00-4:00 PM

甜 点 接 待 会

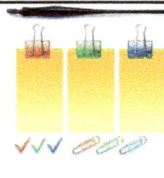
材料单
评价表（见参与者用书 128 页）
桌上用的花
首饰/礼品袋
带框的"立石"画
桌布
音乐："祝福歌"丹尼斯 （供参考）

追思会之后的甜点接待会的目的是作为这次治疗的结束并使参与者离开小组后能专心于神为他们设计的未来上。今天是一个感谢的日子和胜利的日子！尽管接下来几页都与别的章节在结构上类似，这次主要是在参与者吃甜点时，建导师们指出已达到的目标,赠送小礼物，并肯定他们的旅程。记得完成评价表！

 以祷告开始
感谢圆满完成旅程/感谢甜点。

 破冰锤
甜点桌用彩色桌布,鲜花,和礼物装扮。让参与者介绍他们的客人,如果可行,并说说他们最喜欢的甜点。

 **本章讨论**
个人说说小组为他们做了什么。回头看看标记板上在第一章期间写下的目标并允许参与者分享主已经帮助他们到那个地方了。

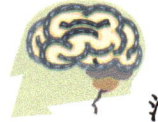 **活动或仪式**
"立石"带框画
关于带框的"立石"画。 解释以色列人是怎样树立纪念碑或石头以提醒他们神在这个特殊的事上和地方为他们做了什么。同样,本周也将成为他们生活中永远的"立石"。这个礼物可以放在他们家中特殊的地方以提醒自己的旅程。

建导小组本章指南——甜点招待会

带框礼物画（继续）

"立石"带框画如下所示可以从真理概念国际订购。（订购信息在附录93页。）

"...这些石头要作以色列人永远的纪念。"约书亚记4:7

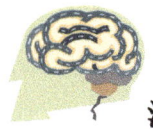 **活动或仪式**

首饰袋

　　谈谈珠宝袋子并鼓励参与者有信心，既然神开始在他们身上做善工，就会完成它。（腓立比书1:6）并且，他们必像冠冕上的宝石在他们的地上发光辉。他们将是多么诱人和美丽啊！（撒迦利亚9:16–17）那些坚持的人必得生命的冠冕！
（雅各书1:12）

 **真理加油泵**

"我深信那在你们心里动了善工的，必成全这工，直到耶稣基督的日子。"腓立比书1:6

总结问题

　　撒迦利亚9:16–17新钦定版圣经说："因为他们必像冠冕上的宝石，高举在他的地以上（或译：在他的地上发光辉）。"问参与者他们的旗帜上会写什么。

 **活动或仪式**

<u>参与者评价</u>

　　让参与者撕下参与者用书128页的评价表并填好。提醒他们不要把他们的名字写在纸上因为他们的信息是保密的。如果他们愿意授权使用他们的评价,他们需要在表格上签上他们的姓。建导师收集评价表并把他们放在安全的地方。在第九章建导师小组总结会议上会用到这些评价表。

安排下章学习时间并以祷告结束

　　布置第九章"继续旅程"为家庭作业并告诉他们小组将在两周后会面（如果小组成员都是本地人），或者他们会有一个电话会议来讨论本章。放丹尼斯的"祝福歌"（供参考）。

堕胎后的调和仪式使一个人 ...

从： ➡ ➡	➡ ➡ 到：
"我知道神宽恕罪" "我谋杀了我的孩子" 着眼于失败和损失 感到疲惫和悲伤！	"我知道我被接受和宽恕" "我的孩子在天堂" 着眼于神免费礼物和恩典。 从布道中获得感动！

建导小组本章指南

时间：1 小时

最后一次小组会议/后续电话会议

第九章 继续旅程

在追思会后的第九章的目的是给参与者一个团聚的机会——在当地会面或在当地支持下举行一个电话会议。这是一个带给参与者希望和使他们进一步完成神为他们的生活作的计划。

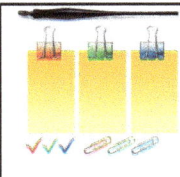

材料单
一些氢气球（9 英寸=22.86厘米）
记号笔

 以祷告开始

 **破冰锤**

列举一个你这个星期经过的马路标记。你怎么把这个标记和你这次堕胎康复联系起来？

 **本章讨论**

读约翰福音15:9-12 并讨论参与者用书中115页上问题2。鼓励参与者"遵守"基督的爱并"留在"他的喜悦中。向他们解释他们已经通过走出他们的否定，摆脱他们的生气，原谅他人和自己，纪念他们的孩子，参与并完成小组活动的方式"遵守了他的命令"。嗨！治愈了很多！！ 因而在他们走出去向他人布道之前，他们需要一点时间，休息并"遵守和停留"在耶稣里，也生活在十字架的胜利中。本章的焦点是见证的力量，是的，我们鼓励他们"见证"。提醒他们常常要询问主在对的时间和对的地点分享他们的故事。神会聆听他们的心声并回应他们的祷告。

建导小组本章指南——第九章
最后一次小组会议/总结电话会议

本章讨论（继续）

讨论参与者用书117页问题3。问参与者这个问题是否帮助他们理清思路，说出他们的见证。

鼓励参与者加入当地支持小组。请他们通过填写参与者用书123页的未来参与表，并邮寄或传真到真理概念国际机构以便和康复概念旅程保持联系。

真理加油泵

"愿那赐盼望的 神，因着你们的信，把一切喜乐平安充满你们，使你们靠着圣灵的大能满有盼望。" 罗马书 15:13

总结问题

让参与者分享他们继续旅程的计划。

以祷告结束

为堕胎后成功得医治感谢主。

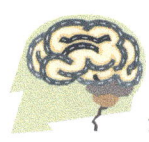
活动或仪式

氢气球

在参与者离开之前，请他们说一个特殊的祷告或着是分享一些纪念他们孩子的话。请他们用记号笔把他们孩子的名字写在氢气球上。让他们给孩子写一张便条贴在或系在气球上，然后放飞气球。庆祝胜利！

建导小组本章指南

 **建导师总结会议**

亲爱的建导师：

哇！小组治疗结束了！多棒的旅程啊！

然而，有趣的是...我们似乎还在我们的生活之路上并继续着我们的旅程。因而在你好好的休息之后，评价你自己和小组是很重要的。和你的助理建导师一起填写建导师小组总结（见下页）以供当地小组使用。这会帮助你找出本次治疗的强项，成功的地方，或者需要改进的地方。

我们也很希望和你保持联系。作为作者，和任何使用《旅程》教程的建导师保持联系是我们的目标。也就是说，请你能友好的配合我们并给我们反馈。我们尽量使表格简单。请填写88页的建导师小组总结。这会帮助我们修改和调整——你们这些工作在堕胎康复布道一线建导师发现需要修改和调整的任何章节。它也帮助我们和你们一起庆祝！

我们祷告在你们的领导之下使许多生命得以改变——都为神的荣耀，他通过十字架的力量改变生命。

记住，如果你有任何问题或建议，请打我们的电话 870.238.4329

现在，庆祝吧！——回家并好好休息，记住我们爱你，珍视你，并因你感谢神。

祝你们有一个充满恩典和平安的旅程

米莉

米莉·蕾斯 理科教育硕士 持证心理咨询师

真理概念国际创始人/董事

建导师小组总结

1. 考虑你从参与者文件中获得的信息，你对本组每个参与者都准备的足够好了么？

2. 你想要补充什么信息？

3. 在面谈过程中你在哪方面可做得更好？

4. 你感到你和建导师/建导师助理合作愉快么？

5. 就小组各方面的动态而言，你觉得最大的挑战是什么？

6. 对于治疗，你感到最大的障碍是什么？

7. 你认为什么进展得好？

8. 你将会在那些地方做的不同？

建导小组本章指南

建导师小组总结

赞助组织_____

姓名 _____ 日期 _____

地址 _____

城市 _____ 省 _____ 国家 _____ 邮政编码 _____

电子邮件：_____

电话 _____ 手机 _____

建组日期 _____

参与者人数_____ 地点_____

建导师_____

建导师助理_____

督察员_____

为了保持我们的记录更新和我们每个小组的问责制度请在办公室检查以下需完成条目。

- 完成每个参与者的进展记录
- 已在每个参与者文档中的每条检查表上签名和记下日期
- 寄给真理概念国际这张表和那些参与者授权使用他们的评价表复印件。签名并寄到：Concepts of Truth, Inc., P.O. Box 1438, Wynne, AR 72396
  电子邮件：info@conceptsoftruth.org

检阅人_____
　　　　　姓名（工整书写）　　　　　　　签名

需要从真理概念获得物品的清单

- 《旅程 参与者用书》
- 《旅程 建导师用书》
- "立石"带框画
- 堕胎后的生活DVD "托马斯·亚伦的故事"
- 帮助治疗CD

订购请打电话： 870.238.4329

 附 录

附 录

康复概念 旅程 周末小组计划

星期五

3:00 AM	注册 / 在室内
3:30-5:30 PM	引导，小组原则，分享故事和讨论 *第一章 我在哪里？*
5:30-6:30 PM	晚餐
6:30-8:00 PM	讨论 *第二章 绘图者*
8:00-8:30 PM	甜点
8:30-10:00 PM	学习 *第三章 旅伴 慰籍和否认*

星期六

7:30-8:30 AM	早餐
8:30-10:00 AM	讨论 *第三章 旅伴 慰籍和否认*
10:00-12:00 PM	学习 *第四章 生气导致的路障*
12:00-1:00 PM	午餐
1:00-2:30 PM	讨论 *第四章 生气导致的路障*
2:30-3:30 PM	学习 *第五章 与宽恕同行*
3:30-5:30 PM	讨论 *第五章 与宽恕同行*
5:30-6:30 PM	晚餐
6:30-7:30 PM	学习 *第六章 抑郁之谷*
7:30-8:00 PM	甜点
8:00-8:30 PM	为艺术工作室做准备
8:30-10:00 PM	讨论 *第六章 抑郁之谷* 和 *蒂莉* DVD

星期天

7:30-8:00 AM	早餐
8:00-9:00 AM	学习 *第七章 神背着我们走*
9:00-10:00 AM	讨论 *第七章 神背着我们走*
10:00-11:00 AM	学习 *第八章 放手*
11:00-12:30 PM	讨论 *第八章 放手和艺术工作室*
12:30-2:00 PM	午餐，休息和为追思会着装
2:00-3:00 PM	追思会
3:00-4:00 PM	甜点接待会，评估, 结束

备注：在本周后两个星期内以后续电话会议或支持小组会议来安排第九章。关于周末计划，参与者应该在计划开始之前完成第一，第二章。关于周内计划，小组会议加上追思会共9周。讨论将在小组进行。参与者在个人房间里学习。

附 录

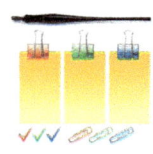

材料单（订购信息见93页）
所有的绘画用品清单都列在参与者用书107页

第一章
__CD及DVD播放机（为所有的章节准备）
__一个大的金属或塑料碗
__M& M's（巧克力豆豆糖）
__黑板/白板/翻页挂图
__可洗记号笔
__音乐："爱在右手"
　　　　谢莉拉·沃尔什的《敞开心扉》
　　　　（或任何有关治疗的歌）
__视频：亲爱的孩子 救赎田园出版物

第二章
__带柄的手拿小镜子
__可洗记号笔
__音乐：CD 祝福他的名
__视频：DVD 冒牌天神的片段 （供参考）

第三章
__乒乓球
__触摸生命 第一期前三个月胎儿模型 （供参考）
__音乐：帮助治疗 CD 真理概念公司 （供参考）
__视频："托马斯·亚仑的故事"来自DVD堕胎之后的生命

第四章
__椅子
__橡皮筋
__视频：《路霸小子》片段 DVD （供参考）

第五章
__椅子
__红色记号笔
__石头
__水瓶
__音乐：帮助治疗CD真理概念国际 （或别的音乐）

第六章
__宝宝信息卡（见 60 页）
__眼泪瓶
__音乐：祝福他的名 CD
__视频：蒂莉 DVD 弗兰克·皮若提

第七章
__《我在天堂抱着你》 书本 作者杰克·海富德
__小的紫色或红色的长方形物品
__小的红色包裹的盒子, 白色蝴蝶结和彩带
__软的剃胡刷或化妆刷
__卷筒卫生纸
__音乐：自选CD

第八章
__艺术工作室清单（参与者用书107页）
__婴儿毯
__小册子：《无声哭泣》 和《追思未出生的孩子》
__音乐：自选CD

追思会
__生命证（印在硬卡纸上或漂亮纸张上 见73页）
__建导师评价（见77, 78页）
__大的和小的蜡烛, 烛柄
__火柴
__追思安排（见74-76页）
__宝宝姓名卡（用卡纸制作）
__小手或小脚胸针
__红玫瑰/父母佩戴的胸花
__桌布
__白玫瑰（每个孩子一朵及花篮）
__音乐："圣地" 吉朗·戴维斯,《主恩典》,《帮助治疗》
　　　　（或任何有关主恩典的音乐）

甜点接待会
__评估（见128页参与者用书）
__桌上的摆花
__礼物：首饰/袋子 "立石"带框画
__桌布
__音乐：CD或杰尼根的祝福歌（供参考）

第九章
__9英寸大氢气球
__永久记号笔

附 录

材料单订购信息
绘画材料单
（见参与者用书107页例单，可在任何美术用品店购买）

书

康复概念由真理概念国际机构编写《旅程》参与者用书和建导师用书
www.conceptsoftruth.org 870-238-4329

杰克·海福德 作品 《我在天堂抱着你》，Regal Books ISBN Number: 0-8307-3259-4, Gospel Light Worldwide, PO Box 3875, Ventura, CA 93006, http://www.regalbooks.com/ 800-4-Gospel

小册子

丽贝卡·波特小册子作品 *无声哭泣*， www.acrywithoutavoice.com 813-478-4687
追思全国未出生的孩子 查塔努加，田纳西州 www.memorialfortheunborn.org

音乐

祝福他的名 CD 布伦特伍德 音乐，弗兰克林，田纳西州
http://www.brentwoodrecords.com/instrumental_praise.html CBD Stock No: WWCD6316

敞开心扉 希莉亚·沃尔什
http://www.amazon.com/Heart-Wide-Open-Sheila-Walsh/dp/1426105339

帮助治疗 CD 真理概念国际，www.conceptsoftruth.org 870-238-4329

"圣地" 杰龙·戴维斯，*Daywind Sound Tracks*
http://www□christianbook□com/geron-davis/holy-ground-accompaniment/pd/CD24945

视频

亲爱的孩子 DVD by Redemptorist Pastoral Publications,
ISBN Number 9780764817465, Liguori Publications, www.liguori.org 800-325-9521

堕胎后生活 DVD "托马斯·艾伦故事" by New Liberty Videos
www.conceptsoftruth.org 870-238-4329

蒂莉 DVD 弗兰克林·佩蕾蒂， http://www.christianbook.com/tilly/pd/21021, CBD Stock No: WW21021

供选择视频片段： *冒牌天神* DVD
　　　　　　　　http://www.amazon.com/Bruce-Almighty-Widescreen-Jim-Carrey/dp/B0000AKCKI
　　　　　　　　路霸小子 DVD, http://www.youtube.com/watch?v=2i8NUfl7tW4

材料单（当地零售店可能有售）

婴儿毯, 篮子, 蜡烛, 硬纸卡, 带手柄的镜子, 一个大的金属或塑料碗, 火柴, 记号笔, 板图或挂图, 永久性记号笔, 乒乓球, 橡皮筋, 紫色或红色小三角形, 用红色纸包裹的小盒子, 柔软的剃须刷或化妆刷, 桌布, 厕所卷纸, 可洗记号笔, 一些白色的碗, 水壶

首饰袋子（粉红色, 蓝色, 绿色, 黄色, 橙色婚礼用的袋子不贵又实用）
http://www.save-on-crafts.com/sachetbags.html
首饰（当地艺术用品/零售店可能有塑料六角形首饰卖）
精美的小手或小脚胸针，Heritage House 76, www.hh76.com
石头（大小不限, 直径1-2英寸/2.5-5.0厘米的更容易收集）
"立石" 带框画，真理概念国际，www.conceptsoftruth.org 870-238-4329
眼泪瓶, 亨利·瑟姆柬, 以色列，Email: hsemerdjian@yahoo.com
或者, 用小玻璃瓶, 0.5英寸（1.27厘米）宽X1.75（4.4厘米）英寸高, 在瓶子上粘一个小的首饰。同样适用！http://www.specialtybottle.com/index.asp?PageAction=Custom&ID=12
触摸生命前三个月胚胎模型组, Hertitage, 白色系列 号码：7556FT, 或者黑色系列 号码：7558FT, http://www.hh76.info/pro_life_products.asp?group_id=64

附 录

欢 迎 词

我们知道你花了很大的勇气才坐在这里。你的建导师们在你们到达之前的这些天里一直在为你们每一个人祈祷。我们一直把所有的准备放在祷告里,并为在你接受神耶稣基督的治疗期间能陪在你身边而深感荣幸。请相信我们都经历过不同的创伤,但是我们已经接受了神的安慰。我们希望和你分享这种安慰。我们每个人任何时候都会在这里为你服务,不管白天黑夜。我们也知道圣灵和你在一起,沿路一直鼓励你。我们怀着巨大的自信并虔诚祈祷,在这个周末,平静,喜悦,安慰,恩惠,怜悯,和爱这些神给你个人的无限支持会以一种非常特殊的方式在你心里安家。

满怀尊敬, 爱, 恩典和平安,

"愿颂赞归与我们的主耶稣基督的父神,就是发慈悲的父,赐各样安慰的神。我们在一切患难中,他就安慰我们,叫我们能用神所赐的安慰去安慰那遭各样患难的人。"

歌林多后书 1:3,4

附 录

蓝眼睛

天堂很美,我们的宝宝在那儿
玩耍,跳跃,仰望飞翔的鸟儿。
身穿洁白的衣裳滚下小山坡
耶稣的天使,不管白天或黑夜
我的孩子将是什么样?我会看见什么?
我看见蓝色的眼睛正在等我。
她在耶稣的怀抱,毯子温暖舒适
他对她轻轻耳语并给她拥抱
他在对他们说什么?他们在玩什么游戏?
躲猫猫和红色流动站,欢迎来我家
他在盛宴上喂他们,我们都将享用的盛宴。
在我们准备好见他的时候--- 任何日子,任何时间。
他想要我们去那里。他想要我看见
那些蓝色的眼睛,正在等我!

米莉·蕾斯,2011年2月20日

附 录

天堂私语

妈妈, 最最亲爱的妈妈,
我们可以谈谈吗？就你和我
有时我从天堂,
见你在哭泣
那时那景我多想拥抱你
紧紧地拥抱你
因为我知道你在为我
流淌哀伤的眼泪
亲爱的妈妈我已原谅你了
哦, 请相信我, 我的确原谅你了
这对你来说肯定是一件非常难
非常残酷的事
他们告诉你一切都会好的
你的生活也会继续
但是从未提及你将会
在失去我之后哭泣哀伤
然而我们仍然可以很亲近
热爱对方
因为我现在和神在一起,
我也永远是你的一部分

妈妈, 请给我一个名字吧
在天堂的我
每次听到你爱的呼唤
就会来到你身边
我愿意成为你忠实的朋友
你可以信赖的朋友
你在神主面前的哨兵
你身边的天使
对我说话吧, 对我唱歌吧
请和我一起祷告吧, 祷告吧！
在你对我微笑时,
我一定会对你微笑！
不要哀伤, 亲爱的妈妈
你会没事的, 我知道
不管你在哪里我的灵都会跟随你
当神带你回家来到我面前时,
我的心定会充满幸福,
我会奔向你
拥抱你, 亲吻你
你的孩子

作者不详

附 录

天堂私语

爸爸,最最亲爱的爸爸,
我们可以谈谈吗？就你和我
有时我从天堂,
见你在哭泣
那时那景我多想拥抱你
紧紧地拥抱你
因为我知道你在为我
流淌哀伤的眼泪
亲爱的爸爸我已原谅你了
哦,请相信我,我的确原谅你了
这对你来说肯定是一件非常难
非常残酷的事
他们告诉你一切都会好的
你的生活也会继续
但是从未提及你将会
在失去我之后哭泣哀伤
然而我们仍然可以很亲近
热爱对方
因为我现在和神在一起,
我也永远是你的一部分

爸爸,请给我一个名字吧
在天堂的我
每次听到你爱的呼唤
就会来到你身边
我愿意成为你忠实的朋友
你可以信赖的朋友
你在神主面前的哨兵
你身边的天使
对我说话吧,对我唱歌吧
请和我一起祷告吧,祷告吧！
在你对我微笑时,
我一定会对你微笑！
不要哀伤,亲爱的爸爸
你会没事的,我知道
不管你在哪里我的灵都会跟随你
当神带你回家来到我面前时,
我的心会充满幸福,
我会奔向你
拥抱你,亲吻你
你的孩子

作者不详

堕胎后仍在受伤？并不只有你一个！

打电话和经历相同创伤,但已经找到希望并已经治愈的人聊聊。

国际堕胎康复热线

康复和预防
866.482.生命
www.internationalhelpline.org

真理概念国际机构
"分享生命的真理"

堕胎后传道原则

真理概念国际, 是耶稣基督通过他的教会而成的一个服务组织。因此,真理概念国际机构致力于用语言和行为介绍福音。为此,所有的工作人员,不管是董事会成员,理事,员工还是志愿者都视耶稣为救世主和神。

真理概念国际机构, 致力于帮助堕胎后的男人和女人们通过主耶稣基督顺从天父。我们相信神用其话语和其话语在你生活中的运用帮助我们治疗。我们相信圣经是神的话语。我们致力于提供个人的,爱的,保密的,和不带评判的服务方式以帮助个人和家庭界定困难,设置现实的目标,度过生活中的烦恼时期和事件,并制定一个积极的计划以至于治疗者可以充满希望的面对未来。我们所有的员工和志愿者都训练有素并向董事会负责。员工和志愿者都致力于实践和提倡性爱真诚。我们的服务是建立在神的话语和祈祷之上。我们相信被堕胎的婴儿已在天堂。

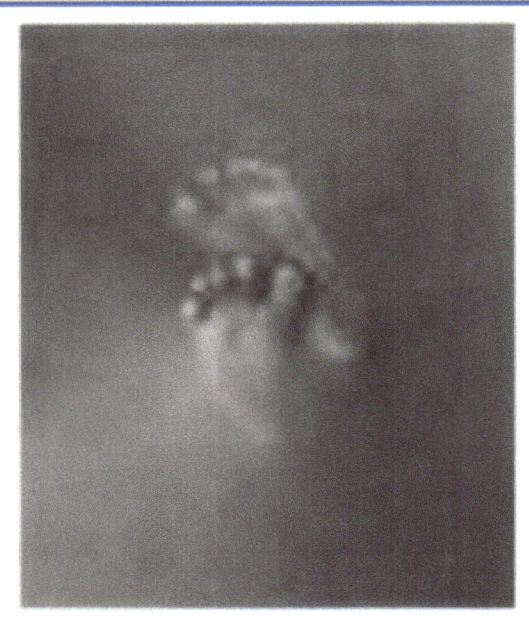

为未出生孩子的声明

我们相信死后生命仍存在。我们是永远生活在天堂还是地狱取决于一个人的自由选择。

我们相信每个人都由神为了和他有团契生活而创造并将永远和他住在天堂；但是我们有选择和拒绝他的自由。

我们相信那些未出生的孩子不管是自然流产还是人为堕胎,他们都回到我们的天父那里因为他们还没有作选择或拒绝他的能力。

我们相信这种无罪可以从经文中得到支持,主说："让小孩子到我这里来,不要禁止他们；因为在神国的,正是这样的人。"（马克福音10:14）他的受难,死和复活打开了一扇大门,因而这些无罪者可以从此进入天堂。

其他支持上述声明的经文列表如下：

耶利米书1:5,诗篇139, 约翰福音3:16, 申命记1:39, 撒母耳记12:23,
马克福音9:36-37, 马太福音19:13-14, 马太福音18:3-6